MAPAS DO CORPO

MAPA FANTASMÁTICO CORPORAL

Editora Appris Ltda.
1.ª Edição - Copyright© 2023 dos autores
Direitos de Edição Reservados à Editora Appris Ltda.

Nenhuma parte desta obra poderá ser utilizada indevidamente, sem estar de acordo com a Lei nº 9.610/98. Se incorreções forem encontradas, serão de exclusiva responsabilidade de seus organizadores. Foi realizado o Depósito Legal na Fundação Biblioteca Nacional, de acordo com as Leis nos 10.994, de 14/12/2004, e 12.192, de 14/01/2010.

Catalogação na Fonte
Elaborado por: Josefina A. S. Guedes
Bibliotecária CRB 9/870

B918m
2023
	Buchbinder, Mario J.
	    Mapas do corpo: Mapa fantasmático corporal / Mario J. Buchbinder, Elina Matoso.
	- 1. ed. – Curitiba : Appris, 2023.
	    197 p. ; 23 cm.
	
	    Inclui referências.
	    ISBN 978-65-250-4004-2
	
	    1. Corpo e mente. 2. Imagem corporal. 3. Espaço e tempo.
	4. Significação (Psicologia). I. Matoso, Elina. II. Título.
	
	                                                                CDD – 152

Livro de acordo com a normalização técnica da ABNT

Appris
editora

Editora e Livraria Appris Ltda.
Av. Manoel Ribas, 2265 – Mercês
Curitiba/PR – CEP: 80810-002
Tel. (41) 3156 - 4731
www.editoraappris.com.br

Printed in Brazil
Impresso no Brasil

Mario J. Buchbinder
Elina Matoso

MAPAS DO CORPO

MAPA FANTASMÁTICO CORPORAL

FICHA TÉCNICA

EDITORIAL Augusto Vidal de Andrade Coelho
Sara C. de Andrade Coelho

COMITÊ EDITORIAL Marli Caetano
Andréa Barbosa Gouveia (UFPR)
Jacques de Lima Ferreira (UP)
Marilda Aparecida Behrens (PUCPR)
Ana El Achkar (UNIVERSO/RJ)
Conrado Moreira Mendes (PUC-MG)
Eliete Correia dos Santos (UEPB)
Fabiano Santos (UERJ/IESP)
Francinete Fernandes de Sousa (UEPB)
Francisco Carlos Duarte (PUCPR)
Francisco de Assis (Fiam-Faam, SP, Brasil)
Juliana Reichert Assunção Tonelli (UEL)
Maria Aparecida Barbosa (USP)
Maria Helena Zamora (PUC-Rio)
Maria Margarida de Andrade (Umack)
Roque Ismael da Costa Güllich (UFFS)
Toni Reis (UFPR)
Valdomiro de Oliveira (UFPR)
Valério Brusamolin (IFPR)

SUPERVISOR DA PRODUÇÃO Renata Cristina Lopes Miccelli

REVISÃO Isabel Tomaselli Borba

DIAGRAMAÇÃO Andrezza Libel

CAPA Eneo Lage

AGRADECIMENTOS

Agradecemos a Marco Antonio Amato e Kátia Franco, por todo o acompanhamento que tivemos na relação com o Psicodrama Brasileiro, os Mapas do Corpo e com essas terras tão charmosas. Este livro não poderia ser traduzido para o português sem a participação mediada e alegre de ambos.

Queremos agradecer à Federação Brasileira de Psicodrama (Febrap), pela importância do movimento psicodramático brasileiro, pela generosidade, por seu acolhimento e intercâmbio de ideias.

Sérgio Perazzo e José da Fonseca são, para nós, os representantes da amplitude, da sabedoria e da intensidade deste movimento. Com a menção a eles, nosso agradecimento a todos os psicodramatistas e profissionais de outras disciplinas com quem compartilhamos estes anos de nossa presença no Brasil e no mundo.

Elina Matoso
Mario Buchbinder

PREFÁCIO

SOCIOMETRIA DO CORPO

O corpo carrega suas histórias, suas marcas, suas lembranças e seus esquecimentos.

Pensar num corpo é pensar em cenas, imagens, gestos, sons. A sociometria de Moreno está nas relações, no universo social, no verso pessoal. Existe um átomo corporal, um quebra-cabeça de máscaras, personas e fantasias, tão bem descritos por Mario Buchbinder e Elina Matoso desde a *Poética do Desmascaramento* até o *Mapa do Corpo*; tudo narrado no cenário múltiplo das imagens do consciente e do inconsciente. Pensar numa sociometria do corpo como um mapa de histórias, de cenas marcadas com o passar dos anos, inscritas na pele, descritas nas linhas do corpo, marcas das relações, dos sabores e dos (des)sabores.

Descrevem neste livro caminhos lisos deleuzianos, ao convidar o protagonista a caminhar por percursos que fogem da fotografia do corpo, em que este corpo é (des)corpo e é exposto, um corpo sem órgãos? Me atrevo a pensar: um corpo antes dos órgãos? Um corpo que tem uma linha de "duração", uma radiografia da imagem corporal, ou como uma cena caótica da fantasmática pessoal na poesia de Buchbinder.

Neste trabalho do *Mapa do Corpo*, assim como na *Poética*, eles, Mario e Elina, desmascaram as formas do cenário psicodramático, convidando-nos a pensar possibilidades diversas. Um caminho aberto para os "psicos" e também aos "sócios". Na intimidade do social das "Mães da Praça de Maio" até o do individual das "dores" e "feridas" do corpo.

Nas palavras deste livro-mapa, os mapas corporais capturam a aparência, as sombras, concretizam a cor, os sons, os desenhos, buscam uma metáfora, um subtexto. Organizam o corpo, o psíquico, a relação com os outros.

Buchbinder transporta o desenho do *Mapa Corporal* e vai para o palco psicodramático buscando outras cenas, outros textos, com a mesma naturalidade que trabalha com as máscaras, as quais escondem e revelam novas cenas, brincando com as palavras, mapas de personagens, máscaras corporais e territórios de cenas.

Elina comenta com preciosidade "a imagem se assemelha ou se confunde com o que representa. O mais além, a verdade, o conhecimento, a arte, o sagrado, a morte, nos convida a nos aproximarmos da complexidade da imagem". Uma imagem é uma complexidade de vibrações,de vida, uma duração bergsoniana; ela perdura enquanto se contempla como uma obra artística, a vida continua, a cena no palco reproduz e conta uma nova história.

Neste palco de Mapas, Mario traz um requinte de direção, de aquecimento, faz um balé que se transforma o tempo todo, desliza pela Psicanálise, pelo Psicodrama, pelo corporal, pela semiótica, pela poesia, pelo teatro sem barreiras, sem impasses, sem dificuldade.

Desde 1990, acompanho esta *Mascarada* psicodramática de Mario Buchbinder e agora, estes territórios do corpo me trouxeram, como sempre, perspectivas novas para o Psicodrama, um convite ao caos estruturado de seus movimentos. Mario e Elina fazem "o seu" Psicodrama, como não poderia ser diferente, algo muito rico que procuro assistir e trazer para a práxis este mapa psicodramático, este mapa de desenvolvimento do papel "próprio" de ser psicodramatista. Uma identidade profissional, um mapa profissional como um caleidoscópio incessante...

Marco Antonio Amato
Psicólogo
Professor Supervisor em Psicodrama
Diretor em Psicodrama- Jacob L. Moreno
Autor de "Poética do Psicodrama"

SUMÁRIO

PRÓLOGO
GEOGRAFIA ÍNTIMA DO CORPO... 15
David Le Breton

PALAVRAS DE COMEÇO... 21

CAPÍTULO 1
MAPAS DO CORPO 23
    Definição do Mapa Fantasmático Corporal (M.F.C.) 23
    Quebra-cabeça do corpo 24
    Boneco, fantoche, manequim, máscaras...24

CAPÍTULO 2
TERRITÓRIO. MAPA 27
    Diferenças entre Mapa e Território 27
    Espaço e tempo no Mapa...29
    Constituintes cartográficos, geográficos e genealógicos............................30
    Sonoridades e viagens...34

CAPÍTULO 3
A IMAGEM FAZ CORPO NO MAPA 35
    Retomando definições 36
    Imagens Inconscientes do Corpo...38
    Estação Mapa 40
    Três Conceitos Fundantes: Mapa, Imagem, Objeto Transacional....................43
    O Mapa é a progênie das imagens em ação..44
ANEXO 1 46
    Antecedentes dos Conceitos de Esquema e Imagem Corporal 46
ANEXO 2 48
    As Imagens em Françoise Dolto...48

CAPÍTULO 4
CLASSIFICAÇÃO DOS MAPAS 51
    Mapas Bidimensionais 51

A Silhueta 51

Classificação dos Mapas. 54

Anatômicos 54

Disfunções alimentares nos mapas anatômicos 56

Territorial 57

Dramáticos 58

A Fada Madrinha ou a Palhaça 59

Clínica da imagem e da cena 60

Narrativas. 61

Caligramas 63

Energéticos 65

Vinculares. 68

Mapa Grupal 68

Mapas Tridimensionais 69

Mapas Multidimensionais 71

Contextualizando Mapas. 72

CAPÍTULO 5
REFERENTES EM JOGO 75

Entre Mapa e Psicanálise. 75

Materialidade e Estrutura do Mapa 75

Estratigrafia. 76

Os Mapas de Nora 77

Disponibilidade e Resistência 80

Sublimação e Mapa Fantasmático Corporal. 82

Mapa e Psicanálise 82

Mapa em um Grupo Terapêutico. 83

O sonho de Juan. 85

O enigma de Octavio 86

CAPITULO 6
CLÍNICAS EM MAPAS 87

A – Clínica Psicanalítica 87

B – Clínica Corporal 87

C – Clínica da Cena 87

D - Clínica da Criatividade e Expressividade. 88

E – Clínica e Prática da Arte 88

F – Clinica de Máscaras. 88

CAPÍTULO 7

CENA. PROTOCENA. IMAGEM. MAPA 89

Diferenças entre Protocena e Cena 89

Territórios da Protocena 90

Protocena e Imagem Inconsciente do Corpo 91

Figuras da Protocena 91

Desenho e Verdade Eterna 93

Dramática da Vida. Enquadramento da Dramática 93

Portos do Mapa 95

O mundo é Amplo e Estranho 96

CAPÍTULO 8

NOVE AUTORES. SEUS PASSEIOS 97

Claudio Mangifesta
Ana Maria Cassinelli
Ana Maria Brasburg/ Valeria Uhart
Estela Arona
Carlos Trosnan
Luis Alberto Stoppiello
Monica Groisman
Patricia Mercado

POESIA VISUAL: CORPOREIDADE E CRIAÇÃO 99

Claudio Mangifesta

I. O jogo do Corpo como alfabeto 99

II. Alguns antecedentes históricos 101

III. Oficina de Poesia Visual, Sonora e Experimental 103

IV. Poesia Visual: entre a imagem e escritura 107

Bibliografia 109

AS PELES MIGRANTES 111

Ana Maria Cassineli

Pele-Genealogia-Mapa Fantasmático Corporal (MFC) 111

Com ânimo mutante 112

Derivando em direção a pele-percepção-movimento 114

MANDALA, MAPA E PROTOCENA: O JOGO NOS CENÁRIOS CIRCULARES 121

Ana Luisa Brasburg
Valeria Uhart

As cenas da mandala: a árvore e suas voltas 127

A música, peles no ar e outras cenas da mandala 128

Algumas Conclusões 131

Bibliografia 134

OS MAPAS DENTRO DO MAPA: UM PERCURSO PELOS INTERSTÍCIOS DAS INSTITUIÇÕES EDUCATIVAS. 135
Estela Arona

Corpo e Educação. 135

Algumas reflexões sobre definições pedagógicas 136

Mapa de risco 137

Pensar a tarefa ou a Geografia do Cenário 138

O assentamento 138

Os professores 139

Os alunos 140

Oficinas de jogos dramáticos. 140

A identidade 141

Os Mapas dentro do Mapa 142

Reflexões. 142

Bibliografia 143

O MAPA E O VAZIO. 145
Carlos Trosman

A Silhueta do Vazio: "Exilados e Desaparecidos" 147

PARTE I: História. 147

PARTE II: México. 148

PARTE III: Buenos Aires. 151

A pegada

Cada pegada (cada impressão digital) que deixamos pode semear um caminho 153

Bibliografia 157

O MAPA FANTASMÁTICO INSTITUCIONAL (MFI). 159
Mgster. Luis Alberto Stoppiello

I. Antecedentes. 159

II. Base teórica 159

III. O MFI. 160

Corpo Institucional. 160

Corpo Fantasmático Institucional 161

IV. Aplicação do MFI.. 162

Caso A: Associação de serviços socio-sanitários............................ 162

Caso B: Centro residencial... 165

Comentários sobre os casos.... 168

V. Comentários finais 169

Bibliografia 170

PARA UMA SOCIOLOGIA DO CORPO: MAPAS CORPORAIS SUBJETIVO-SOCIAIS 171
Monica Groisman

Corpo e Cultura: golpes sobre a carne 171

Geografia e Identidade: os Mapas como Corpos 172

2001: os Mapas de outra Odisseia.. 175

Mapas e Imaginários Culturais: o Mapa como recurso didático............ 181

A OPERAÇÃO DE FAZER MAPAS.. 183
Patricia Mercado

Um rio de peixes sonhando nascer.. 184

Momentos de trabalho.. 184

Bibliografia 191

BIBLIOGRAFIA GERAL 193

Capítulo 1 a 7... 193

Prólogo[1]

GEOGRAFIA ÍNTIMA DO CORPO

David Le Breton[2]

A realidade do corpo é uma imagem em movimento que fixa o desejo.
(Octavio Paz)

O eu que funda a relação com o mundo parece algo evidente, porém não existe nada mais vulnerável nem que se encontre mais ameaçado pela mirada dos outros ou pelos acontecimentos da história pessoal. Nós não permanecemos imutáveis, fechados em nós mesmos como uma fortaleza solidamente protegida.

A identidade pessoal nunca é uma entidade, algo fechado, vai se tramando a partir do inacabado. Traduz as variações do desejo, é nômade, sempre predisposta às mudanças. O mundo em nós e fora de nós somente existe por meio das significações que não deixamos de projetar sobre ele.

O sentimento de si, único, sólido, o de ter os pés sobre a terra, não é mais que uma ficção pessoal que os outros devem consolidar permanentemente com mais ou menos boa vontade e que os movimentos do inconsciente não devem pôr em perigo.

É certo, se o eu é demasiado quebradiço, inconsistente, a existência se tornará impossível. A identidade não é substância essencial senão relacional.

Não existe um si próprio, um eu mesmo, sem o outro. É um sentimento que vai evoluindo permanentemente com o passar do tempo e segundo as circunstâncias, inclusive se estas variam dentro de limites relativamente estáveis e com diferentes públicos. O eu é o conjunto dos discursos virtuais que o indivíduo é capaz de assumir sobre si mesmo, inumeráveis relatos, alguns mais insistentes que outros. Instrumento (o eu) que se esforça para dar uma consciência a esse teatro de sombras, responde à questão da imagem de si, porém permanece cego ante muitas peculiaridades que saltam aos olhos dos outros.

---

[1] Tradução do Prólogo por Cristina Madero.

[2] Professor de sociologia da Universidade de Strasbourg. Membro de L'Institut Universitaire de France.

O homem nunca termina de nascer e as suas condições de existência vão modificando-o ao mesmo tempo que exercem uma influência sobre os outros.

Os movimentos que dão ânimo ao sentimento de "si" não deixam de estar estreitamente vinculados com as mudanças que afetam a sociedade. Sobretudo nas nossas sociedades submetidas a uma reciclagem permanente e que exigem aos seus membros o incessante reajuste das suas implicações, dos seus valores, das suas relações com os demais e o mundo.

O sentimento de identidade se foi transformando em flexível, fluido, sem um enraizamento profundo, submetido ao modismo do momento. Por outro lado, renova-se segundo as circunstâncias inerentes à condição humana: um encontro, o nascimento de uma criança, um acidente, um luto, uma separação, uma decepção etc. O indivíduo que se agarra a uma identidade inflexível hoje seria literalmente banido pelas condições mutáveis de seu meio. Em princípio, a identidade é um movimento "em direção" à própria identidade, na medida em que o essencial de si mesmo permanece no transcurso do tempo, e nele o indivíduo se reconhece de uma etapa a outra da vida. Porém também é flexível quando os acontecimentos minimizam ou realçam a autoestima, constrangem as mudanças bruscas de valores etc. A utilização de recursos de sentido e de valores apropriados para afrontar o inédito no si mesmo e à sua volta é, sem dúvida, um dado antropológico elementar, porém, ante a obsolescência do mundo em que vivemos, se requer mais que nunca esta qualidade nos indivíduos.

Uma trama de valores móveis, de representações, de modelos, de papéis, de afetos que orientam os projetos, que assentam as bases do sentimento de si, dando lugar a uma história própria. Um halo de identidade, em parte consciente, mas que ainda escapando de toda a lucidez, traduz em regra geral uma relação com o mundo, um estilo de presença, uma afetividade em ato, um sistema mais ou menos coerente de valores e pontos de referência. Esta trama permanece sempre aberta aos demais ou diante dos acontecimentos, além da impressão de sentir a si mesmo e de controlar a sua própria existência, incluindo que se dilata um universo das pulsões que nunca está em repouso e que ignora o tempo, dizia Freud.

As circunstâncias podem, em qualquer momento, despertar o eco, recordar as cicatrizes da memória. O que permanece, a estrutura durável que assegura o sentimento da continuidade do eu, é tributária de linhas afetivas modeladas durante a infância, vinculadas à história de vida. Certos fios da história pessoal parecem inquebráveis e a vida gira sempre em torno deles, enquanto que outros se gastam ou se cortam, permitindo liberar-nos de acontecimentos dolorosos, por exemplo.

Na realidade o homem se constitui em base a inumeráveis labirintos que se sobrepõem mutuamente, nunca tem acesso à sua verdade, se não à sua dispersão nas mil situações em que se encontra. Sempre está à busca de si mesmo de modo propício ou doloroso, coerente ou caótico, porém nunca abandona o império do sentido. Permanentemente encarna uma trama de múltiplas lógicas cujas chaves lhe escapam, porém sem renunciar à esperança de que em algum dia tais chaves lhe produzam sentido.

Com respeito ao sentimento de si, a imagem corporal é uma matriz que alimenta ou não a autoestima, a dimensão do que o indivíduo se sente capaz de fazer. A pele desenha no espaço os limites de si, estabelece a fronteira entre o dentro e o fora, pois também se descobre aberta ao mundo, é memória viva de uma história pessoal. A imagem corporal envolve e encarna a pessoa distinguindo-a das demais. A sua textura, a sua cor, o seu matiz, as suas cicatrizes, as suas particularidades (sinais, marcas e etc.) desenham uma paisagem única.

A pele conserva, como um arquivo, as marcas da história individual como um palimpsesto do qual só o indivíduo possui a chave: marcas de queimaduras, cicatrizes de operações, vacinas, fraturas, sinais graves, carícias inesquecíveis ou inversamente gestos de ternura que nunca tiveram lugar e cuja ausência está sempre presente etc. A pele é uma envoltura narcisista que nos protege do possível caos do mundo. Porta que abrimos ou fechamos segundo nossa vontade, mas muitas vezes também é para o nosso pesar. É uma tela sobre a qual projetamos uma identidade sonhada, como nas tatuagens, nos *piercings,* ou os inumeráveis modos de exibição da aparência que regem nossas sociedades. Ou, ao contrário, uma identidade insuportável da qual alguém quisesse desvencilhar-se e da qual são evidências das feridas corporais auto infligidas. A pele, escreve D.Anzieu, *"procura o aparato psíquico as representações constitutivas do Eu e das suas principais funções"*. É uma instância que assegura o funcionamento do psiquismo, é dizer o enraizamento do sentimento de si no seio de uma carne que nos individualiza. A pele exerce igualmente uma função de contenção, é dizer que amortece as tensões procedentes tanto de fora como de dentro. Instância fronteiriça que protege contra as agressões externas ou as tensões íntimas, sobretudo brinda ao indivíduo a vivência dos limites que o autorizam a sentir-se conduzido pela existência e não vítima do caos ou da vulnerabilidade.

A relação que todo homem estabelece com o mundo vem a ser uma questão de pele, e de solidez da função mantenedora. Sentir-se mal na própria pele requer muitas vezes a modificação de nossa superfície para sair renovado e descobrir-se melhor. As marcas corporais são barreiras da identidade, ou seja, modos de inscrever limites diretamente sobre a pele, e já não só por meio da metáfora.

A superfície que apresentamos aos outros está apontada entre bastidores por circunstâncias da vida, feridas ou muros de proteção da identidade. A pele é uma superfície em que se inscreve o sentido. O eu, escreve Freud, *"deriva em última instância das sensações corporais, e principalmente das que têm sua origem na superfície do corpo. Pode-se considerar o eu como a projeção mental da superfície do corpo, além de considerá-lo como representante da superfície do aparato psíquico".*

Didier Anzieu estabelece o vínculo entre as duas instâncias e fala do "Eu-pele". Este último *"como representante psíquico emerge dos jogos entre o corpo da criança e o corpo da mãe, assim como das respostas dadas pela mãe às sensações e emoções do bebê, respostas tanto gestuais como vocais".*

A posterior experiência do mundo consolida ou invalida esses dados conforme os acontecimentos pessoais que sobrevenham. A pele é o eterno campo de batalha entre o si mesmo e o outro, e sobretudo com nosso outro eu. O corpo é a carnadura do mundo, não há mundo sem corpo. Tudo que atravessa o indivíduo emana de seus sentidos, de sua sensibilidade. A tonalidade da sua relação com o mundo e com os outros passa pelo grau de implicação e significação que apropriamos ao corpo. Porém, este último não se brinda mais que à maneira de representação. Em nenhuma circunstância a imagem que o indivíduo forja de seu corpo é uma duplicação do corpo real, senão sempre algo que emana de uma história pessoal tal como o indivíduo a vive.

Uma subjetividade é uma superfície de projeção das dificuldades para chegar a ser eu num mundo propício e de acordo com as potencialidades do indivíduo.

A imagem do corpo não é imutável, se constrói a partir das diferentes etapas da vida, conforme a idade, os problemas de saúde, as relações amorosas com suas incandescências ou seus dramas, os lutos, as separações. A imagem do corpo fala da imagem de si, do amor ou do ódio de si. O indivíduo também joga com esta imagem se esforçando para dar ao exterior uma representação positiva de si.

Inspirado pelo convite de Elina Matoso e de Mario Jorge Buchbinder a refletir sobre *Os Mapas do Corpo*, posso dizer que o sujeito também pode desdobrar a sua imagem corporal no espaço com materiais diversos, projetar-se fora de si para melhor se ver com a possibilidade de modificar seus personagens no transcurso da sessão, ao mostrar suas feridas ou de tampona-las.

Ao se projetar no espaço, o indivíduo brinda o material para efetuar um trabalho sobre si. Fazendo de seu corpo um labirinto de objetos lúdicos, uma vez desprendidos do eu e de suas expressões, transformando-o em praia, em fruto, ou em constelação de desenhos, constitui um rodeio para enfim encontrar-se. Neste caso, também se trata de tomar o atalho lúdico de uma máscara (ou aquilo que simboliza uma máscara) para que esta libere o indivíduo de seus comportamentos rotineiros e o impulsione a outra dimensão.

Como sinalizo em *Antropologia do Corpo e Modernidade*: *"nas sociedades tradicionais o corpo é frequentemente um eco do cosmo, não está cindido dos demais, nem do mundo e nem de si"* [2]. É uma emanação de um <nós-outros>, suas constituições são as mesmas que os que compõem seu meio externo, não é o resultado (efeito) de um corte com o indivíduo.

Os Mapas do corpo camuflam a ferida da separação: o corte com os demais, com o cosmos, consigo mesmo, que deixam cicatrizes. Ao atuar, ao falar, ao dançar, ao refletir sobre um corpo transformado em alter ego ante a si mesmo, o indivíduo efetua um trabalho de reconciliação com a memória, se submerge em sua história para cobrar corpo na vida.

Referências

ANZIEU, D. *Le Moi-peau*. Paris: Dunod, 1985.

FREUD, S. Le moi et le ça. *In:* FREUD, S. *Essais de psynhanalyse*. Paris: Payot, 1981.

LE BRETON, D. *Antropologia del cuerpo y modernidad*. Buenos Aires: Nueva Vision, 1995.

LE BRETON, D. *Signes d'identité:* Tatouages, piercings et outres marques corporalles. Paris: Métailié, 2008.

PALAVRAS DE COMEÇO

Mapa significa nesta obra um conceito e uma ferramenta.

Desta forma, atuando como dispositivo de trabalho, ele abarca desde o desenho mais simples em um papel, de dados do corpo, até a complexidade que pode adquirir em outros desenhos. Levando em conta o material sobre o qual se realiza, as características dos traços, suas formas, cores e as dimensões que o particularizam.

Como conceito possibilita investigar a partir do inscrito a relação entre corpo, psique, mundo, seja em uma pessoa, grupo, família ou instituição, assim como a projeção social impressa em diferentes campos de conhecimento.

Este livro é, em si, um Mapa, um traçado de rotas que ao longo dos anos com outros autores[3], Mario Buchbinder e Elina Matoso, temos desenvolvido tanto na teoria como na pratica. A partir do capítulo 8, se incorporam contribuições de outros autores que ressaltam acordos e diferenças nos itinerários recorridos que põe em relevo problemáticas nodais.

Definimos uma linha de investigação que denominamos Mapa do Corpo e Mapa Fantasmático Corporal que se sustenta na triplicidade corpo, psique e mundo.[4]

Algumas de suas premissas são:

1. O corpo pode ser vislumbrado em um Mapa, alude ao mundo interno e externo.

2. O território que se investiga e condensa em um Mapa sempre é expressão de um recorte, de uma eleição arbitrária consciente e inconsciente.

3. A triplicidade corpo, psique e mundo, submerge na turbulência de direções, seja esta considerada como representação, percepção, signo linguístico ou ficcionalidade pincelada.

Sobre estes três eixos se sedimenta uma postura metodológica e ideológica que envolve a Psicanálise, o Psicodrama, o Teatro, a Arte, posturas acerca do corporal, o pensamento filosófico, a construção de subjetividade no social, que transformam o mapear em uma definição de identidade profissional que nos leva como autores a uma busca de produções compartilhadas.

---

[3] Utilizamos a primeira pessoa do singular e plural para indicar intervenções de um ou dos dois autores desde os capítulos 1 a 7.

[4] Pichon Rivière e outros autores referem que no mundo interno estão representados a mente, o corpo e o mundo.

Os artigos apresentados nestas páginas por diferentes autores ressaltam a interdisciplina como atributo que nos constitui como autores e colaboradores. Cremos que ela enriquece a possibilidade de nos estender em direção ao centro e aos confins do Mapa. Não se trata da redução de nenhum dos termos ternários: Corpo, Psique e Mundo. Mas sim, de abrir a interação, entrelaçamentos de uns com os outros desde suas próprias especificidades. Analisar como joga o corpo no cultural, no mundo ou na psique. Ou será que o corpo é mundo e a psique é corpo? Sim, porém não somente. O corpo é sobredeterminação biológica, pulsional e cultural. É o vazio do corpo desaparecido ou a potência do que advém. Poder interrogar-se como se imprime na cultura e na complexidade de suas modalidades e nas leis da ordem imperante.

E na psique? O mundo é identificação, instâncias introjetadas e projetadas, linguagem, outro e Outro. O corpo na psique é pulsão, zona erógena, palavra e não palavra, o semiótico, e a psique no corpo é puro fantasma, dor e conversão.

A partir destes artigos, resgatamos a diferença de estilos narrativos, descritivos, metafóricos, emblemáticos, os quais revelam a riqueza que brinda a linguagem, já que cada um deles se sustenta nos próprios saberes e na especificidade dos afazeres profissionais que cada autor desenvolve, como também destaca a potencialidade da palavra escrita, dos grafismos de formas legíveis dentro da corporeidade da cultura.

CAPÍTULO 1

MAPAS DO CORPO

Os Mapas Corporais[5] nesta obra são aqueles que geram a captura da aparência, as sombras evanescentes de imagens, e procuram concretizá-las na materialidade de uma palavra, um desenho, uma cor, um som ou uma ação. São a busca por uma metáfora, um subtexto, um relato possível, verossímil. No Mapa se imprime a potencialidade do inconsciente, que os objetos e os relatos organizam na arbitrariedade do semelhante, do parecido, do que não é, porém se aproxima.

Estes desenhos que se inscrevem em superfície e espaços diferentes dão forma a uma imagem do corpo, que por este meio encontram um leito, uma determinada configuração impressa numa representação.

Os Mapas do corpo ou Mapas corporais são organizadores do corpo, do psíquico, da relação com os outros, e evidenciam modalidades de comunicação com as demais pessoas.

"O corpo é a interface entre o social e o individual, a natureza e a cultura, o psicológico e o simbólico".[6]

O sujeito, a partir de sensações, percepções, pensamentos e imagens constrói representações, estruturas que o torna comunicável. Os Mapas podem ser considerados como textos, jogos, personagens, cenas, grafismos, objetos etc. Se o corpo é uma interface, de acordo com Le Breton, o Mapa a decodifica, por meio da forma que adquire permite recriar, ocultar e revelar. A figurabilidade, que obtém a fantasmática de um Mapa, é chave no modo em que se constitui a subjetividade.

Definição do Mapa Fantasmático Corporal (M.F.C.)

O Mapa é a representação consciente e inconsciente do corpo, em que o fantasmático ressalta a fantasia como materialidade constituinte do sujeito. É um modo em que se estrutura a subjetividade na relação corpo, psique e mundo.

---

[5] Neste livro: Mapa do corpo, Mapa corporal ou Mapa Fantasmático corporal, assim como Mapa são normalmente usados como sinônimos em muitas das suas páginas que o leitor compreenderá em seu contexto.

[6] LE BRETON, D. *La Sociologia del cuerpo*. Buenos Aires: Nueva Vision, 2002.

É organização simbólica num espaço e tempo. É uma figuração imaginária que adquire o corpo em sua representação. É recortes de cenas sucessivas, de histórias vividas, impressões de como se plasmam percepções e os modos de expressão por meio dos quais se veiculam estas imagens.

Definições e conceitos, assim como exemplos de implementação, se sucedem ao longo desta obra. Esta investigação, não somente pelos anos de duração, se não pelas etapas que foram se ressignificando ao incorporar tantas contribuições teóricos, como avaliações de suas realizações, vão permitindo ao leitor compartilhar estes processos e também observar a amplitude de campos a distintas disciplinas, as quais abrem suas portas ao Mapa Fantasmático Corporal.

Quebra-cabeça do corpo

A primeira investigação que realizamos sobre a representação do corpo foi a partir de 1978, antecedendo o Mapa Fantasmático Corporal[7], e a denominamos: O Quebra-cabeça do Corpo.

O quebra-cabeça é um jogo de peças que se encaixam entre si, as quais adquirem uma determinada completitude uma vez que todos os fragmentos-peças são colocados dentro de uma forma pré-fixada. Se estas peças representassem partes do corpo, este estaria "completo" ao unirem-se todas. Porém, esta representação se difere do Mapa Fantasmático Corporal, já que este não se caracteriza por uma soma de peças soltas, mas pela relação entre a ausência ou presença delas, e se organizam numa forma dada ou numa "suposta completitude".

Boneco, fantoche, manequim, máscaras

> *Títeres e titireteiros*
> *são uma mesma coisa.*
> *O títere faz gigante ao titeriteiro*
> *porque de seus braços*
> *se prolonga em direção ao infinito,*
> *a imaginação de vocês.*
> *(Jose Marti)*

A articulação entre **boneco-fantoche-manequim-máscara** abre um capítulo significativo em nossa investigação já que são objetos cujo rosto, forma, tamanho e semelhança com a figura humana nos permitem adentrar em territórios de exploração entre sujeito-objeto.

---

[7] BUCHBINDER, M.; MATOSO, E. *Las Máscaras de las Máscaras*. Letra Viva, 1980. EUDEBA, 1985.

O corpo desenhado em tamanho natural sobre o papel também pode plasmar-se sobre uma tela dupla, que permite ser recheada com diversos elementos, criando-se assim um boneco. Estes bonecos são concretizações de duplos, que se costuma projetar desejos, ações, jogos de destruição e construção etc.

A relação rosto-máscara desenvolvida ao longo de anos se fundamenta no sentido em que a máscara é um objeto que tem determinantes maiores na representação da imagem. Ela produz o efeito de amplificar e remarcar traços que permanecem fixados numa expressão, portanto, tem um peso específico maior, já que no rosto se condensam traços que recebem esta demarcação pré-fixada, e este mascaramento influi especificamente na imagem corporal. Ao usar a máscara real ou metaforicamente, se produz uma mudança intensa na totalidade da imagem do corpo. Esse "outro rosto" pode produzir um efeito de estranhamento que envolve o sujeito em sua totalidade. *"O rosto nos limita, produz um flash em negativo de todos os rostos que não somos. Isto explica a atração pela fantasia, a máscara e a tendência que leva a numerosos atores a certa difamação do rosto. A figura humana alberga o inacessível do outro no centro do eu."*[8]

"A máscara não é uma simples ferramenta para assegurar-se o incógnito, porém, revela recursos secretos, surpresas. Costuma tomar as rédeas, apoderar-se do homem, orientar sua ação... Sendo assim, mudar o rosto implica em mudar de existência."[9]

É frequente que a pessoa ao "realizar" seu Mapa, desconheça as vezes que este é a representação da sua própria imagem e produza a si mesmo uma alienação semelhante ao que costuma produzir ao colocar-se uma máscara. Assim como a máscara ao ocultar, revela, o Mapa é o modo de revelar aquele que oculta. É por este fato que dizemos que o Mapa é Máscara.

"Toda auto representação é incompleta. É um desenho sobre nós mesmos em que o desenhista permanece de fora enquanto o faz. Este paradoxo da auto referência permite que quando alguém se contempla a si mesmo deixa de ser este para converter-se em outro. A força de não incluir-nos no representado terminamos por crer que isso *é para nós distante e independente".*[10]

---

[8] LE BRETON, D. *Rostro Ensayo de antropologia*. Buenos Aires, Letra Viva-Instituto de la Máscara, 2010.

[9] LE BRETON, D. Obra cit.

[10] BORDERLOIS, I. *A la escucha del cuerpo*. Buenos Aires: Zorzal, 2009.

CAPÍTULO 2

TERRITÓRIO. MAPA

Os movimentos do homem desenham um estranho mapa, mas esse
mapa carece de polos e pode ser pendurado em qualquer posição.
(R. Juarróz)

Os Mapas são implementados por distintas disciplinas, desde a geografia, astronomia, engenharia, até às artes visuais ou o teatro.

Mapear implica uma elevação espacial e temporal de uma superfície real ou imaginária, que orienta quem o implementa de acordo com diferentes propósitos. O Mapa pode estar relacionado com distintos modos de representação gráfica, mesmo com as dimensões e distâncias em uma cena. Testemunha ao largo do tempo variáveis oceanográficas, bem como variações de luz num cenário ou as transformações que exerce a luz solar numa pintura, como se observa na série de oito óleos do pintor argentino Fernando Fader, *A Vida de Um Dia*, de 1917, em que desde o amanhecer até o anoitecer se podem observar as modificações de luminosidade e seus efeitos na mesma paisagem.

O Mapa Corporal dá conta da espacialização do próprio corpo desde a sua fantasmática e esta pode ser projetada sobre um papel, argila ou na organização da gestualidade, assim como pode resgatar-se na tonalidade e ritmo da expressão verbal. Se tomamos a representação do corpo no plano do papel, com a utilização de cores e formas se pode organizar um itinerário de decodificação em consonância com o intercâmbio que se produz entre o protagonista do Mapa e seus interlocutores, sejam psicoterapeutas, psicanalistas, maestros, teatrólogos, especialistas do corpo, entre outros.

Diferenças entre Mapa e Território

Duas observações quero adicionar: uma sobre a natureza do Aleph; outra,
sobre seu nome. Este, como é sabido, é a primeira letra do alfabeto da língua
sagrada. Sua aplicação círculo da minha história não parece casual. Para
a Cabala esta letra significa o En Soph, a ilimitada e pura divindade;
também se diz que tem a forma de um homem que aponta o céu e a terra,
para indicar que o mundo inferior é o espelho e é o mapa do superior.
(Borges, J. L.; O Aleph)

O mapa de um país não é seu território, senão a sua representação.

Território, do latim *territorium:* porção de superfície terrestre pertencente a uma nação, região, província etc.

Mapa, do latim: *mappa,* toalha, plano de uma fazenda rústica. Representação geográfica da Terra ou parte dela numa superfície plana, na qual ocorre informação relativa a uma ciência determinada. Os mapas podem se organizar em linguísticos, topográficos, demográficos, políticos, étnicos entre outros.

Mapa-múndi, (mapa do mundo) retoma o significado do mapa como toalha, tecidos, já que antigamente os mapas se realizavam sobre amplas telas ou peles.

Na toalha, como está mencionado na definição latina, poderíamos dizer que também nos lençóis ou nas roupas, são deixadas marcas do corpo que adquirem sua própria identidade.

Em nossa definição, tentamos hierarquizar o valor do Mapa em si, assim como a palavra poética que dele surge. Este feito tem uma importância clínica e metapsicológica. Por exemplo, quando o bebê recém-nascido necessita um vestuário da mãe para poder usar como substituto frente ao seu afastamento[11], este vestuário é o Mapa da mãe e do filho com o qual este subsiste frente ao vazio do afastamento dela. O vestuário se constitui, então, num Mapa compartilhado que ocupa o lugar daquilo que falta ao bebê. O menino conservará marcado em seu corpo a representação vazia ou cheia do corpo de sua mãe. Pode-se dizer que o ser humano leva a marca do desprendimento original com sua mãe.

O manto sagrado ao que alude a religião é um Mapa, ou seja, uma representação, objeto real e mítico. A partir destes aspectos já se atribui papéis significativos na definição da subjetividade.

A cultura cristã realça o valor do Mapa por meio do manto. O manto, assim como o Mapa, faz presente na representação a ausência do corpo de Cristo e o real dele. O Mapa-Manto testemunha a realidade do mito e da história.

Neste livro, território, geografia e mapa denotam metáforas espaciais, temporais e míticas.

---

[11] DOLTO, F. *La imagen inconsciente del cuerpo.* Buenos Aires: Paidós, 1986.

Espaço e tempo no Mapa

Embora a definição de Mapa refira-se à representação bidimensional no plano, nestas páginas nos referimos ao Mapa como uma multiplicidade de espaços, tempos e significações. É a passagem da bidimensionalidade à multidimensionalidade. Esta diferenciação leva a diferentes geometrias que no Mapa se integram.

A representação espacial implica uma geometria, uma tridimensionalidade significante, uma genealogia e uma temporalidade. A partir daí, o mapa é um limite, margem, fronteira e fragmento; põe em evidência a relação entre um todo e suas partes. Ao mapear, sempre se produz recortes na superfície eleita. Por exemplo, o mapa de um país está marcado por linhas que se unem e se separam, podem ser subdivisões provinciais, regionais, rios, cadeias montanhosas, rotas etc.

É limite entre um dentro e um fora, entre uma parte e outra. Fragmento no sentido que ressalta a relação entre um todo e suas partes, pode também destacar um fragmento ao modo da metonímia (a parte pelo todo).

No exemplo citado do bebê que necessita o vestuário da mãe, este joga ao modo da metonímia, quer dizer, essa parte, este tecido, representa o todo: a mãe que lhe dá continência.

No conceito de Mapa, se encontra implícita a diferenciação entre o território e a sua representação. Tendo em conta que ao ser uma representação, construção imaginária, ao mesmo tempo cobra contundência real, quer dizer, constrói um território por si mesmo.

A espacialidade se entrecruza com a temporalidade. Temporalidade da infância e da idade adulta; temporalidade do passado, presente, futuro; temporalidade poética, e temporalidade da recursão: quando se elabora acerca do Mapa que constitui um sujeito ao mesmo tempo o transforma, é uma temporalidade em ato, é um decodificador da história ao passo que está inserto na atualidade, no presente do paciente que o analisa. Assim como a Imagem Inconsciente do Corpo tem um estatuto metapsicológico que se faz presente na relação analista-analisando, o Mapa Fantasmático Corporal também o tem, e sua revelação sucede no decorrer da transferência na relação com o terapeuta. É revelado numa expressão com múltiplos códigos, mas que não pode deixar de aceder à palavra.

Constituintes cartográficos, geográficos e genealógicos

Se o homem tem ossos, que são o suporte e a armadura da carne, o mundo tem as pedras que são o suporte da terra.
(Leonardo da Vinci)

A seguir, nos referimos a alguns aspectos que se destacam nos Mapas.

Cartografia, do grego *chartis, graphein*: mapa, escrito. Do latim *charta*: ortografia, carta, escrita. A cartografia é o modo no qual o geógrafo testemunha aquilo que constitui uma geografia, que pode ser física, populacional, social. O Mapa denota, por um lado, a relação corpo-geografia como natureza. Se marcam rios, mares, montanhas, planícies etc. A geografia física está incorporada no corpo, e, por sua vez, o corpo está constituído por esse real imaginário. Do mesmo modo, o Mapa testemunha o corpo de uma cidade, as aglomerações, o teor de oxigênio, a relação com a luz, entre outros.

Uma geografia física dá conta de uma geografia corporal e suas significações, que representam também a espacialização de Mapas familiares, institucionais, sociais. É como se a respeito do espaço de representação do corpo pudessem se construir esculturas, edificações, torres e pontes, às vezes em relação ao lugar que se habita ou ao local de nascimento. As migrações e os exílios, por exemplo, geralmente deixam sua marca no Mapa, com contrastes de habitats significativos.

A escritora Luisa Valenzuela em um de seus contos, *Nem Tão Assustador, Nem ao Menos Memorável*, narra a transformação do corpo do personagem em partes da cidade *"— seus cantos mais ocultos e suas menores divergências — começaram a converter-se em cópia fiel da cidade, muito mais que a própria cidade e menos esquemática... o bairro de Belgrano me morde, há um palpitar intenso do lado de Flores... sua boca é a rua compreendida entre Corrientes e Lavalle, à altura de Anchorena"*.[12]

A **Genealogia** deriva da voz latina, *Geneá, as*: nascimento, origem, lugar ou época do nascimento, gênero, espécie, geração.

As marcas que estão plasmadas no Mapa revelam uma genealogia não somente como busca do passado, senão também como criação de presente e futuro. Possuem relevância histórica, mítica, ancestral e familiar. A cultura entendida como genealogia se relaciona também com o herdado.

---

[12] VALENZUELA, L. *Cuentos completos y uno más*. México: Alfaguara, 1998.

Destino e transformação. Mitologia genealógica que, às vezes, é atribuída a determinadas características corporais, assim como a fantasias e fantasmas atribuídos às origens.

Foucault[13], quando faz referência a Nietzsche, a genealogia e sua história, contribui com uma dimensão do genealógico que dá conta de uma trajetória complexa, compartilhada e diversificada como interrogante da temporalidade, das raízes e origens no passar da história do conhecimento: *"A genealogia se opõe ao deslocamento de significados ideais e das indefinidas pesquisas da <origem>[...]. Buscar uma tal origem, é tentar encontrar <o que já foi dado>, <o aquilo mesmo> a partir de uma imagem absolutamente adaptada a si mesma; é ter por adventícias, todas as peripécias que possam ter ocorrido, todas as armadilhas e todos os disfarces. É tentar levantar as máscaras, para desvelar finalmente uma primeira identidade. Pois bem, se o genealogista se ocupa de escutar a história mais que de alimentar a fé na metafísica, o que é que se aprende? Que atrás das coisas existe algo muito diferente: nem por acaso é um segredo essencial e sem datas, mas sim o segredo de que eles estão sem essência, ou que sua essência foi construída peça por peça a partir de figuras que lhe eram estranhas".*

Giorgio Agamben[14] retoma o tema genealógico referindo-se à contemporaneidade e diz: *"Nietzsche situa, sua pretensão de <atualidade>, sua <contemporaneidade> em relação ao presente, em uma desconexão e em uma defasagem. Pertence realmente a seu tempo, é verdadeiramente contemporâneo, aquele que não coincide perfeitamente com este, nem se adequa às suas pretensões, e é, portanto, nesse sentido, inatual; mas, exatamente por isso, a partir dessa distância e esse anacronismo, é mais capaz que os outros de perceber e apreender seu tempo[...]. A contemporaneidade é então uma relação singular com o próprio tempo, que adere a este e, ao mesmo tempo, toma sua distância; mais precisamente, é essa relação com o tempo que adere a este por meio de uma mudança de fase e um anacronismo.*

Por isso, o presente que a contemporaneidade percebe tem as vértebras partidas. Nosso tempo, o presente, não é só o mais distante: não pode nos alcançar de nenhuma maneira. *Tem a coluna partida e nos encontramos exatamente no ponto da fratura. Por isso somos, apesar de tudo, seus contemporâneos. A citação que está em questão a contemporaneidade não tem lugar simplesmente no tempo cronológico: é, em tempo cronológico, algo que urge em seu interior e o transforma. Essa urgência é o intempestivo, o anacronismo que nos permite apreender nosso*

---

[13] FOUCAULT, M. *Nietzsche, la genealogia y la historia.* Gedisa, 1986.

[14] AGAMBEN, G. *Desnudez.* Buenos Aires: Adriana Hidalgo, 2011.

tempo na forma de um <demasiado cedo> que é, também um <demasiado tarde>, de um <já> que é também um <ainda não>. E reconhecer na escuridão do presente a luz que, ainda sem nunca podermos alcançar, está permanentemente em viagem na nossa direção.

*Daí que ser contemporâneo seja, antes de tudo, **uma questão de coragem:** porque significa ser capaz não somente de manter o olhar fixo na sombra da época, mas também perceber nessa sombra uma luz que, dirigida para nós, se afasta infinitamente de nós. Quer dizer: chegar a tempo para um compromisso que só se pode falhar".*

Merece especialmente resgatar a ideia de **coragem** já que é entre essa luz e essa sombra impossíveis de alcançar onde se joga a contemporaneidade e a relação do homem com o mundo. A partir daí, quando se propõe a realização de um Mapa Fantasmático Corporal está sendo examinado como um **espião com lanterna**, naquelas trevas ou luzes que escapam permanentemente. Esse é um aspecto efêmero do Mapa, já que se for repetido imediatamente, as cores são outras, as luzes e as sombras e por sua vez, a importância desse momento de detenção num traço é um ato de coragem: implica o risco de marcar, definir e às vezes, lançar luz sobre a própria imagem representada. Por isto, consideramos que o Mapa Fantasmático Corporal geralmente muda e codifica o genealógico desde uma *poiesis* (ato de criar, posto em ato), como busca de um itinerário aleatório e desconcertante que acontece no presente e empurra o fluxo criativo de cada um em seus atos poéticos quotidianos. A referência à coluna vertebral e à fratura, que mencionava Agamben na citação anterior, parece ter um dramatismo particular que é acentuado ao correlaciona-lo com o eixo do corpo. Uma ideia tão abstrata como a da contemporaneidade necessitava de algo tão concreto e tão abstrato como a coluna vertebral, quer dizer, o Mapa ósseo do corpo.

Relevos da sinuosidade própria da *poiesis* e a genealogia costumam revelar a relação entre herança e cultura que no Mapa adquirem matizes de maior ou menor importância segundo as ressonâncias pessoais, familiares ou sociais de cada sujeito. As transmissões transgeracionais de traumas ou feitos significativos de caráter coletivo configuram representações nos Mapas sociais que são carregados pelos sujeitos em sua individualidade.

A transmissão genealógica é genética e se constrói na cultura. A partir da ideia de que o eu não nos é dado, nós teremos que criar a nós mesmos, daí a importância de uma cartografia que permita decodificar as impressões relevantes de cada Mapa.

Não é demais apontar o significado do Mapa na contemporaneidade, na qual a figura do refugiado, como pontua Agamben, simboliza o novo proletariado, seja o imigrante, ou todo aquele que se encontra asilado em sua própria terra. O Mapa se faz importante para a elaboração da desterritorialização e as mudanças de fases e traumas do individual e social. Deleuze[15] se refere à noção de "sistema aberto". Os conceitos não aparecem já dados, não são preexistentes, é preciso criá-los, inventá-los, são *singularidades que atuam novamente sobre os fluxos ordinários do pensamento*". Para Deleuze, por exemplo, as coisas e os acontecimentos estão constituídos por linhas, fluxos de energias. Um mapa ou um diagrama é um conjunto de linhas diversas que funcionam ao mesmo tempo. Na medida que as coisas estejam constituídas por linhas, cada uma tem seu mapa, seu diagrama, sua cartografia.

A sucessão histórica dos feitos ancorados no corpo, como observamos no Mapa Fantasmático Corporal, se torna muito dissímil, já que é o resultante de formações coexistentes. Portanto, o Mapa Fantasmático Corporal é um modo particular de testemunhar a multiplicidade de acontecimentos no tempo e espaço segundo a singularidade de cada cartografia e não é a sua essência. Se rompe com uma linearidade, um saber prévio, para adentrar-se em uma *poiesis* cuja decodificação e significação está enredada no contexto vincular, histórico e social.

O mapear implica um rastreamento fantasmático. Cada sujeito pode ser um mapeador das vicissitudes humanas, nas quais se vão encontrando máscaras, culturas, ficções, afetos, conceitualizações, corpos em espaços e tempos míticos e históricos. Assim como é chamado guia ao bom conhecedor de um terreno, o mapeador desenvolve um modo de conhecer e explorar o território e tem ferramentas para relevar um Mapa que lhe possibilita dar forma, sentidos ou aproximações a outras lógicas na construção do pensamento, os encontros ou descobertas implicam diferentes disciplinas e aberturas a elas mesmas.

Os Mapas abrem campos de exploração nos quais se entrecruzam o corpo, a palavra, a semiótica, o pré-verbal e o mundo; habilitam universos onde se amplificam possibilidades relacionais que se desdobram em zonas de expressão, dando espaço tangível e desconhecido à união do pensar e do fazer, aos afetos e os pensamentos, ao ser e ao expressar, à discursividade e à arte. Assim como o buscador de água é chamado de rabdomante, cuja etimologia provém do grego, palavra que contém dois significados dife-

---

[15] DELEUZE, G. *Imagen tiempo*. Barcelona: Paidós, 1987.

rentes, por um lado se refere ao adivinho ou ao professor, e por outro ao objeto que utiliza seja uma vara ou uma bengala. Adivinho ou professor é capaz de descobrir a localização de águas ou de bens ocultos, em especial abaixo da terra e por sua vez possui uma vara para sua busca, quer dizer, possui uma intuição, um saber e um instrumento.

O mapeador, por outro lado, tem uma ferramenta semelhante aos lápis marca-textos que dão relevância e cor num texto, produzindo uma marca. Esse marca-texto vai desenhando um Mapa que tem o sentido de revelar e ocultar uma territorialidade.

Sonoridades e viagens

A sonoridade da imagem acústica "mapa" evoca as figuras primárias: *Ma,* mãe e *Pa,* pai. Josefina Ludmer num ensaio literário sobre o escritor uruguaio Juan Carlos Onetti, insiste na relação entre estes termos e as abreviaturas do mapa coincidente com mãe e pai: *ma e pa.*

Disse a autora: *"Mapa não é uma palavra ausente na novela A vida breve".* Comenta que o livro é de viagem com suas plantas e mapas.

Por sua vez, Vargas Llosa referindo-se à mesma novela, enfatiza na criação da ficção, a partir do desespero do protagonista e não nos mapas que poderiam considerá-lo um livro de viagens.

Possivelmente os Mapas que construímos na nossa vida são guias, ficções, para não nos perder nas complexidades do real.

O Mapa implica uma viagem, uma jornada real ou imaginária, na busca do tesouro, na criação de uma cidade, na definição de um curso, em discriminar o azar das chuvas, das temperaturas ou da geografia humana. A descoberta de uma, a, as ou umas verdades. É a viagem de Ulisses, o descobrimento de Troia, o caminho do Inca, a viagem dos emigrantes e imigrantes. É o mapa prévio e posterior do percurso.

CAPÍTULO 3

A IMAGEM FAZ CORPO NO MAPA

*Conto as coisas com imagens, dessa forma, à força tenho que atravessar
esses corredores chamados subjetividade.*
(Federico Fellini)

*"Na linguagem comum normalmente se usa a imagem como sinônimo
de metáfora, quer dizer, se substitui uma palavra por outra, que estabelece uma
relação analógica ou comparativa com a palavra substituída.*

*Uma das mais antigas referências à imagem a encontramos em Platão
quando diz que: "As imagens são primeiro as sombras, logo os reflexos que vejo
nas águas ou na superfície dos corpos opacos, polidos e brilhantes e todas as
representações deste tipo".*

*A frase bíblica que nos marca como civilização judaico-cristã faz referência
a um instante sublime quando Deus diz: "Façamos o homem à NOSSA IMAGEM
E SEMELHANÇA..." "E Deus criou o homem à sua imagem, e os criou macho e
fêmea". Platão dizia, que os homens são sombras de um mundo ideal e inteligível.*

*Dois temas importantes: O DE REPRESENTAÇÃO E O DE SEMELHANÇA.
Perguntas como: Toda representação é imagem? Toda imagem é representação? Toda
imagem é sombra? Toda imagem é signo? Toda imagem é visual?*[16]

Segundo Lezama Lima. *"Nenhuma aventura, nenhum desejo onde o homem
tem tratado de vencer uma resistência deixou de partir de uma semelhança e de
uma imagem, ele sempre se sentiu como um corpo que se sabe imagem, pois o
corpo ao tomar-se a si mesmo como corpo, verifica tomar posse de uma imagem.
[...] E como a semelhança a uma Forma essencial é infinita, paradoxalmente, é a
imagem o único testemunho dessa semelhança que assim justifica sua voracidade
de uma Forma, sua penetração, a única possível, no reverso que se fixa".*[17]

A imagem, como testemunho de uma semelhança justifica sua voracidade de uma *Forma*, seguindo a abordagem de Lezama Lima, essa voracidade cria na *Forma* "outro corpo" que, se seguíssemos o fio do paradoxo,

---

[16] MATOSO, E. *El cuerpo territorio de la imagen*. 3. ed. Bueno Aires: Letra Viva - Instituto da Máscara. 2008.

[17] LEZAMA LIMA, J. *La dignidad de la poesía*. Barcelona: Versal, 1989.

esse corpo seria um desdobramento do corpo que a *Forma* testemunha na imagem, se não for assim, e o corpo fosse sua justa e absoluta morada, a imagem desapareceria. Por isso dizemos que a imagem está incorporada no Mapa, se constrói numa forma, que é e não é o corpo. Se retomarmos uma pergunta, do parágrafo anterior: toda imagem é signo? Passamos para outro foco dentro do campo do conhecimento que se interroga sobre o conceito de imagem.

Pierce citado por Martine Joly, que centraliza o conceito de imagem em relação à semiótica, reflete: *"O signo não é signo se não pode traduzir-se em outro signo no qual se desenvolve com maior plenitude" e adverte que se podem diferenciar categorias de signos na imagem, não somente signos icônicos mas também signos plásticos: cores, formas de composição interna, textura e signos linguísticos próprios da linguagem verbal e é na sua inter-relação que aparece a produção de sentido, "a partir daí que alguns instrumentos da teoria semiótica nos permitem discernir acerca do uso múltiplo e aparentemente babélico da imagem".*[18]

A mesma autora comenta que: *"A imagem se assemelha ou se confunde com o que representa. O mais além, a verdade, o conhecimento, a arte, o sagrado, a morte nos convida a aproximarmos da complexidade da imagem".*[19] A partir daí que o Mapa é esse outro signo que se abre a testemunhos plenos vislumbrados de signos.

Outras disciplinas na busca de definir a relação entre corpo e imagem transitaram em diferentes etapas que enfocam na materialidade física do corpo e as imagens que adquirem sua representação.

Ancoramos agora na obra de Françoise Dolto, cujo aporte ajuda a diferenciar dentro dos **Mapas do corpo**, sua relação com o Esquema Corporal e Imagem Corporal, com a Imagem Inconsciente do corpo e aqueles outros Mapas mais mediados enquanto sua representação, como os que se observam a partir da escrita, a escultura, a dança, a pintura etc.

Retomando definições

Retomamos aqui três conceitos: Corpo biológico, Esquema Corporal e Imagem Corporal para centralizar com maior operatividade uma linha de investigação, e deixamos de "fora" a definição de corpo. Porém, à medida que se avança na leitura se pode captar a multiplicidade de definições em

---

[18] JOLY, M. *Introducción al análisis de la imagen.* Buenos Aires: La Marca, 1993.

[19] JOLY, M. Obra cit.

que este está envolvido e por sua vez a impossibilidade de defini-lo. Como um jogo de palavras ou de artifícios da linguagem poderíamos dizer: o corpo é a unidade fora de si, já que o dentro é o fora e o fora é o dentro de uma materialidade inacessível. *O corpo é nossa angustia posta a nu,* disse Nancy.

Permita-se o leitor o jogo de definir aquilo que parece indefinível.

Tentamos aqui uma aproximação conceitual para dar suporte à definição de Mapa que nos pertence.

Corpo biológico: responde às leis da biologia, como se fosse possível recortá-lo com nitidez de outros saberes que o definem, é o corpo carnal que se encontra em maior proximidade com estruturas de funcionamento biológico, fisiológico, químico, eletromagnético. Sistema de organização que não deve ser desconsiderado.

Foucault[20] disse em *O nascimento da clínica: "Este livro trata do espaço, da linguagem e da morte; trata da mirada".* A partir do momento em que o corpo humano é dissecado, "perde-se o mistério" para converter-se em um objeto de estudo a ser observado, analisado e nomeado. Vesalio (1514) *"anuncia o nascimento de um conceito moderno: o do corpo. Ao cortar a carne, ao isolar o corpo, ao diferenciá-lo do homem, se distancia da tradição, [...] o homem aprende a fazer o luto do cosmos e de sua comunidade [...]".*

"Este é o fundamento, justamente, da legitimidade do indivíduo. O corpo se converte em um objeto de exibição".[21] A exibição de cadáveres pode ser vista na aparência dos teatros anatómicos da época.

"A clínica é provavelmente a primeira tentativa, desde o Renascimento, de formar uma ciência unicamente sobre o campo perceptivo e uma prática sobre o exercício da mirada [...]. Supõe sem questioná-la, a visibilidade da enfermidade como uma estrutura comum na qual a mirada e a coisa vista, encarando-se uma á outro, encontram seu lugar. O olhar médico é o que abre o segredo da enfermidade e é esta visibilidade a que faz a enfermidade penetrável à percepção".[22] Como se tivesse prevalecido uma ilusão de transparência e visibilidade sobre o mistério, o escuro e o desconhecido da corporeidade. Pensamos que o trabalho sobre o Mapa inaugura outras visões do corpo.

Esquema Corporal é uma representação que evoca a realidade biológica da espécie humana, é um dado neurofisiológico, uma instantânea do corpo orgânico, da referência da localização tempo-espacial. Recebe dados

---

[20] FOUCAULT, M. *El Nacimiento de la clínica.* Buenos Aires: Siglo XXI, 1966.

[21] LE BRETON, D. *Antropología del cuerpo y modernidad.* Buenos Aires: Nueva Visión, 1995.

[22] FOUCAULT, M. Obra cit.

das sensações musculares, ósseas, viscerais, circulatórias etc., e constrói uma relação particular e específica com o afetivo. Foi subvalorizado no desenvolvimento de distintas práticas acerca da imagem. As investigações da neurofisiologia levam a pensar nas inter-relações entre o Esquema Corporal, a Imagem Consciente e Inconsciente do corpo e o Mapa Fantasmático Corporal, temas que desenvolveremos mais adiante.

Imagem Corporal Consciente é aquela cuja representação se faz presente ao sujeito em diferentes circunstâncias, por exemplo: quando ele está frente ao espelho sente que seu reflexo está distorcido, quando se "vê" de uma maneira e se "sente" de outra, ou quando o outro devolve uma imagem de si que não a percebe como própria.

A imagem consciente do corpo responde à própria história pessoal, é subjetiva e em permanente transformação dependendo do contexto, a relação consigo mesmo e com os demais. Se instala nos modos de perceber e sentir o corpo físico e o significado que lhe é atribuído. A Imagem Consciente do corpo é uma via que facilita aproximar-se a outras imagens que geralmente estão mascaradas ou permanecem subjacentes nela.

Na arte, por exemplo, nos auto retratos, o pintor ou o poeta joga com traços, detalhes que dão conta de imagens de si mesmos.

Pablo Neruda põe poesia em sua imagem:

> Auto retrato:
>
> Da minha parte sou ou acho ser rígido de nariz
> mínimo de olhos, escasso de cabelos,
> crescente de abdômen, pernas compridas,
> largo de pés. Amarelo de pele,
> generoso de amores, impossível de cálculos,
> confuso de palavras, mãos sensíveis,
> lento no andar, inoxidável de coração,
> apaixonado pelas estrelas, marés, maremotos,
> admirador dos escaravelhos, caminhante das areias,
> desajeitado nas instituições, chileno a perpetuidade.

Imagens Inconscientes do Corpo[23]

Francoise Dolto em muitas referências que faz à Imagem Corporal a relaciona com a Imagem Inconsciente do corpo. Diz: *"A imagem do corpo é própria de cada um, ligado ao sujeito e sua história, [...] é a síntese viva de*

---

[23] Ver **Anexo 1** que amplia os antecedentes deste conceito.

experiências emocionais, afetivas, [...] memória inconsciente de toda vivência relacional e ao mesmo tempo é atual, viva, se encontra numa situação dinâmica, ao mesmo tempo é narcisista e inter-relacional: camuflada ou atualizada na relação do aqui e agora, mediante qualquer expressão fundada na linguagem, desenho, modelagem, invenção musical, plástica, mimica ou gestual".[24]

"A imagem do Corpo é aquilo no qual se inscrevem as experiências relacionais da necessidade e do desejo, valorizadas e/ou desvalorizadas, quer dizer mais ou menos narcisistas. Estas sensações se manifestam como uma simbolização das variações de percepção do esquema corporal, e mais particularmente para aquelas que induzem os encontros inter-humanos, entre os quais o contato e os dizeres da mãe são predominantes".[25]

Juan D. Nasio em seu livro *Meu Corpo e Suas Imagens*[26] centra o pensamento de Lacan sobre a representação do corpo quando diz: *"Percebo o outro em minha imagem e percebo minha imagem no outro[...]o que Lacan considera ser uma estrutura paranoica do ego. Se vê cristalizada durante o estádio de espelho, é a matriz de todo vinculo humano. Ser humano significa incluir o outro em nós e depender tão intimamente dele que ninguém poderia considerar-se livre e autônomo".[27]* Se refere à ilusão da criança ante a sua imagem *"está fascinado pela silhueta humana e móvel que se reflete no espelho, é uma ilusão triunfante de dominar seu corpo e controlar sua imagem que lhe possibilita autonomia e liberdade de fazer o que quer".[28]*

Nasio aponta que Françoise Dolto[29] vai distinguir duas instâncias relacionadas com a Imagem Consciente e Inconsciente do Corpo:

1. A visual (que inclui a própria mirada, a do outro e o espelho que pode ser estruturante e/ou desestruturante na organização da imagem corporal da criança).

2. A imagem mental perceptual de sensações, de desejos, que é fragmentada como um *patchwork* de micro imagens e infinidade de sentimentos, registros proprioceptivos, intercâmbios afetivos e eróticos com o outro.

---

[24] DOLTO, F. Obra cit.

[25] DOLTO, F. Obra cit.

[26] NASIO, J. D. *Mi cuerpo y sus imágenes*. Paidós, Bs.As.2008.

[27] NASIO, J. Obra cit.

[28] NASIO, J. Obra cit.

[29] NASIO, J. Obra cit.

É importante registrar que esse suporte na imagem visual ou perceptiva é dinâmica e tecida entre si permanentemente. A partir daí, costumamos considerar que a primeira aproximação que temos frente a um Mapa Fantasmático Corporal é que este é o resultado da percepção e interpretação de uma metáfora como uma primeira capa a ser desvendada na relação com o outro.

Estação Mapa

> *O olhar da imagem é piscadela da liberdade que nos dá sinais... A liberdade expressa; venha aqui fora!*
> *(Holderlin, Elegia: Eu ando pelo campo)*

Se o **esquema** é a representação que mais se aproxima à biologia do corpo, a **imagem do corpo** faz presente a relação entre o esquema corporal e a subjetividade vivida do sujeito. O **Mapa** retoma essas definições e as entrelaça com a complexidade da estrutura psíquica, a relação com o objeto, com o outro e com o mundo.

O esquema, a imagem e o Mapa são representações que dão canal a isso que subjaz consciente ou inconsciente em cada sujeito. A partir daí:

O Mapa Fantasmático Corporal (MFC) ressalta a relação entre o Esquema Corporal, a Imagem Consciente e a Imagem Inconsciente do Corpo. Se entrelaça na estrutura psíquica, com a representação do mundo onde está incluído a relação com os objetos e com os outros.

As imagens corporais, às vezes desarticuladas entre si, são constituintes da subjetividade encarnada. Quando se representam e adquirem forma se tornam comunicáveis ao outro, formam parte do mundo interno e externo, são pontes de conteúdos fantasmáticos impressos numa forma, cor, palavra, som, gesto ou cena, resultantes de um processo de decantação que potencializa sua revelação.

Os Mapas do corpo permitem sair de uma visão reducionista sobre as suas representações, ampliar as diversas manifestações do humano e perceber a presença do corpo nessas manifestações. Não é um simples desenho gráfico ou modelado nem tampouco é um teste projetivo.

No **Mapa Fantasmático Corporal** acentuamos a complexidade da superposição de imagens e de discursos, as diferentes direções e possibilidades de decodificação. Sua análise está em relação com a estrutura inconsciente-consciente entre Esquema e Imagem, já que são representações intimamente ligadas entre si.

Se importarmos uma metáfora cosmológica, o Mapa poderia assemelhar-se a um sistema solar, com suas respectivas complexidades. O planeta é um conjunto que está, por sua vez, em um outro plano mais amplo, com seu movimento, translações, passagem de energia, explosões solares, campos gravitacionais, estruturas atômicas etc. Cada Mapa é um entrecruzado diacrônico e sincrônico, expressão de espacialização e temporalidade histórico e social, e forma parte de constelações subjetivas.

Se a imagem é um fotograma, um fragmento, o Mapa por sua organicidade mais ampla é um filme.

As imagens que se configuram nos Mapas do Corpo são **indicadores.** Foucault mencionaria aqui esses indicadores *"como signos que tateiam as dimensões do oculto, indicam o mais distante, o que está por debaixo, o mais tarde. Se trata da vida e da morte, do tempo, e não de uma verdade imóvel, dada, que retorna em sua transparência os fenômenos".*

Aquilo que aparece na particularidade de seu desenho pertence ao interior da própria subjetividade, forma parte do representado e do que é expresso nele.

Nancy afirma: *"O corpo é <nosso> e nos é <próprio> na exata medida em que não nos pertence e subtrai à intimidade de nosso próprio ser, no caso de que este corpo existira ainda assim, nos faria duvidar seriamente".*[30]

Porque dizemos indicadores no lugar de caracteres, sinais, marcas distintivas?

"Porque o corpo se escapa, nunca está garantido, se deixa mostrar, mas não identificar... Dispomos somente de indicações, de pegadas, de impressões, de vestígios".[31]

Será pela ilusão de capturar aquilo que se escapa, por uma ilusão vã de querer encontrar a essência?

Há uma escuta anatômica, biológica, neurológica, erógena e o corpo em sua liberdade se evade. Não será o corpo puro espírito imaterial incandescente e que sempre estamos tratando de encontrá-lo?

Talvez em algum canto do Mapa chegaremos a visualizar algo como um Deus do corpo?

"Não teremos inventado o céu com o único objetivo de fazer com que os corpos se decaiam?" pergunta Jean L. Nancy.

---

[30] NANCY, J. L. *58 indicios sobre el cuerpo.* Extensión del alma. Buenos Aires: La Cebra, 2007.

[31] NANCY, J. L. Obra cit.

Sobe e desce[32]

Na construção do Mapa Fantasmático Corporal há uma oscilação que sobe e desce.

Na plástica e no corpo as fantasias e cargas descem a

Argila,

Papel,

Madeira,

Arame,

Onde algo é retratado.

No exercício corporal, cênico, e nas máscaras, "isso" volta a subir.

As fantasias e cargas descem para outra materialidade que não é carne.

É carne sublimada.

Sobem para uma espiritualidade que não é o espírito. É espírito encarnado.

As marcas no mapa são porta-vozes metafóricos de pegadas presentes e ausentes. São indicadores do criador em ato.

O Mapa é um simulacro, ficção, e está na linha de clarear "obscuridades fantasmáticas" hospedadas no corpo. Esse processo implica um "entre" transitar uma ponte, encontrar outras formas para expressar um sintoma, uma passagem do perceptivo sensorial ao representacional, em que a discursividade está incluída.

Artaud em *Pesa-Nervos* descreve nas cartas conjugais a relação com seu corpo como se estivesse fazendo foco em seu Mapa Corporal.

"E eu já lhes disse: nada de obras, nada de língua, nenhuma palavra, nada de espírito. Nada, somente um lindo pesa-nervios. Uma espécie de zona incompreensível e bem ereta no centro de todo espirito. E não esperem que nomeie esse tudo, em quantas partes se divide, que lhes diga quanto pesa. [...] ah, esse povo ruminante de dados. [...] Dentro de dez anos serei compreendido. Se conhecerão meus gêiser, se verão meus gelos, terão aprendido a neutralizar meus venenos, se descobrirão os jogos de minha alma. [...] Todos os meus cabelos estarão grudados em cal, todas as minhas veias mentais se solidificarão em glossários, então se observará meu bestiário e minha música se terá transformado num chapéu [...] se verão cordas, se

---

[32] BUCHBINDER, M. J. *Poética de la Cura*. Obra cit.

compreenderá porque meu espírito não está aqui, as figuras humanas se achatarão, se consumirão por ventosas secantes e esse pano lubrificante continuará flutuando no ar [...] tão capaz de multiplicar-se, de desmontar-se, de tornar sobre si com suas reverberações de rachaduras, de sentidos, de narcóticos, de irrigações penetrantes venenosas, então acharão que está tudo muito bem, e não precisarei mais falar".[33]

Antonin Artaud

Os desafios, combates e o desmembramento corporal que expressa Artaud dão uma imagem do corpo em que transforma ou funde o interno com a superfície, como se fosse uma pele vazada ou rachada, que transcende a organicidade de um organismo e compõe uma corporeidade própria que tomarão de antecedente Deleuze e Guattari quando se referem ao corpo sem órgãos, mais que vazio de órgãos de ordem anatômica é vazio de organicidade sistematizada.

*"O Mapa Fantasmático Corporal tenta seguir o lugar de equilíbrio **entre** o que não está registrado, que faz sintoma, que aparece como fracassado, como angústia, como alucinação que tem que ver com energia livre, com a pulsão de morte, e com aquilo que está relacionado com a função simbólica, constituinte da unidade de sentido, da representação da palavra."*[34]

Três Conceitos Fundantes: Mapa, Imagem, Objeto Transacional

Mapa Fantasmático Corporal, Imagem Inconsciente do Corpo e Objeto Transacional, são três conceitos fundantes. É daí que a relação entre os aportes de Dolto e de Winnicott se entrelaçam com nossa investigação sobre o Mapa.

Nos parágrafos seguintes se correlacionam estes três conceitos. Dolto afirma que a criança de três meses que deixa o peito e chupa o polegar como atividade masturbatória, substituindo o objeto peito, se a mãe verbaliza e joga com o bebê, este incluirá outros objetos *"se você fala com ele depois da mamada colocando objetos na ponta de suas mãos e nomeando todos os objetos que se leva a boca, se a mãe, objeto total, nomeia todas as ações táteis, bucais e visuais das coisas que a criança toca e toma, e depois arremessa, a criança sente um real prazer, compartilhado com sua mãe e logo cansado se dorme. Depois de*

---

[33] ARTAUD, A. *El Pesa – Nervios*. Need, 1998.

[34] BUCHBINDER, M. *Poética del Desenmascaramiento*. Buenos Aires: Letra Viva - Instituto de la Máscara, 2008.

algumas mamadeiras deixa de chupar o polegar... O bebê conta com numerosas potencialidades **dinâmicas** *e suas pulsões libidinais, em busca de um encontro com o outro, por quem ele se sente ser, vir, ter e fazer".*[35]

A conformação e consolidação da Imagem Inconsciente do Corpo é condição para a criação do objeto transicional. Dado que isto cria carne para a incorporação do objeto e por sua vez o objeto transicional consolida a constituição da Imagem Inconsciente do Corpo. É de algum modo a substituição da mãe externa, a partir da qual se cria o objeto transicional.

Nós poderíamos dizer, homologando o amor da mãe para com o bebê, que se o sujeito, ao representar seu Mapa, colocar libido, amor, na criação do objeto-mapa, esse objeto é ao mesmo tempo representante da Imagem Inconsciente do Corpo e do Objeto transicional. Consideramos que:

O Mapa Fantasmático Corporal é o entrelaçamento da imagem inconsciente do corpo com o objeto transicional. A representação do Mapa, então, é semblante da imagem Inconsciente do corpo e da estrutura psíquica. Este entrelaçamento é definitivo na constituição da subjetividade. A Imagem do Corpo e o Mapa Fantasmático Corporal dão a possibilidade de unir aquilo que está cindido no sujeito entre seu Esquema e sua Imagem, entre sua biologia e sua psique. É por isso que dizemos que o Mapa Fantasmático Corporal é a imagem inconsciente do Corpo em situação expressiva e de máscara.

Essas conclusões se relacionam com conceitos de Dolto: *"As pulsões que emanam do substrato biológico estruturado na forma de esquema corporal, não podem por efeito passar a expressão no fantasma, como na relação transferencial, mas sim por intermédio da imagem do corpo. Se o lugar, fonte das pulsões, é o esquema corporal, o lugar da representação é a imagem do corpo".*[36]

O Mapa é a progênie das imagens em ação

O leitor pode se perguntar por que incluir o conceito do Mapa Fantasmático Corporal, se este já não está contido na Imagem Inconsciente do Corpo.

Não é estranho que um conceito teórico derive da prática que um investigador executa. Se o vemos no campo da Psicologia e da Psicanálise, por exemplo, Winnicott desenvolve os conceitos de campo e de objeto

---

[35] DOLTO, F. Obra Cit. Paidós, 1986.

[36] DOLTO, F. Obra cit.

transicional a partir de seu trabalho como pediatra, logo como psiquiatra e psicanalista de crianças. Dolto, desde sua experiência clínica com crianças, desenvolveu o de Imagem Inconsciente do Corpo.

Nossa experiência clínica se relaciona, com pacientes individuais, crianças, adolescentes, adultos, com grupos e famílias. Em nossas elaborações, também influenciam a prática da expressão e o trabalho corporal, a prática estética, teatral e poética. Daí que a relação imagem-movimento destacada por Deleuze[37], que está no Mapa Fantasmático Corporal, é muito intensa. A cena pode ser marcada pelas imagens detidas que a constituem, mas não podem reduzir-se a ela. As imagens, como descreve a iconologia, têm uma progênie importantíssima a investigar. As imagens como constitutivas da subjetividade vão se entrelaçando, amassando entre si, e o Mapa Fantasmático Corporal é o resultado de todo este processo. O Mapa é a progênie das imagens em movimento e em ato.

---

[37] DELEUZE, G. *La imagen-movimiento*. Paidós, 1984.

ANEXO 1

Antecedentes dos Conceitos de Esquema e Imagem Corporal

Nós brevemente sintetizamos alguns desses conceitos que têm sido considerados de importância em nossos livros.[38]

Se pode rastrear antecedentes em investigações de fisiologistas, neurologistas, psiquiatras, psicanalistas, que baseiam suas perguntas sobre todo o conceito de cinestesia e sobre o registro perceptivo do paciente membro fantasma. Pick, por exemplo, cita: *"de um mapa mental, mini atlas cerebral derivado da associação de sensações cutâneas na consciência, desenharia nosso corpo segundo as linhas de pontos determinados pelas excitações epidérmicas visualmente localizadas."*

É Paul Schilder[39], neuropsiquiatra psicanalista, contemporâneo de Freud, que em seu livro *Imagem e Aparência do Corpo Humano,* aprofunda e organiza esses conceitos e define: *"o esquema corporal como a imagem tridimensional que todo mundo tem de si mesmo. E podemos chamar esta imagem, de imagem corporal".* Quer dizer que ele utiliza alternativamente os conceitos esquema e imagem, propõe esquema para denominar: *"um padrão combinado sobre cuja base são medidas todas as mudanças subsequentes da postura antes de ingressar na consciência".* Emprega em geral a imagem corporal quando fala de percepções visuais ou tácteis e menciona uma base fisiológica centrada nas sensações interoceptivas ou proprioceptivas sobre *"um padrão postural com o qual são medidas todas as percepções novas".* Se refere também imagem psicológica da imagem corporal como estrutura libidinal. Sua contribuição é que inclui e relaciona o neurológico, o libidinal, o social e a tridimensionalidade da representação. A partir de seu pensamento se pode trazer uma linha investigativa para nada linear, com o pensamento de Freud e Reich, entre outros.

Fedida citado por Bernard[40], afirma que os conceitos de Esquema Corporal e Imagem Corporal, não são necessários e ocultam as determinações fantasmáticas.

Dolto é quem diferencia claramente Esquema Corporal e Imagem Corporal Inconsciente do Corpo.

---

[38] BUCHBINDER, M. *La Poética del desenmascaramiento.* Letra Viva. 2007.

[39] SCHILDER, P. *Imagen y apariencia del cuerpo humano.* Paidós, 1977.

[40] BERNARD, M. *El Cuerpo.* Paidós, 1980.

Nós, em nossas investigações clínicas e teóricas, valorizamos positivamente essas conceituações de Dolto, e as consideramos passos limite na estrutura da subjetividade. Permitem também estabelecer correlações significativas entre o corpo biológico, o erógeno, o neurofisiológico e a determinação fantasmática inconsciente.

ANEXO 2

As Imagens em Françoise Dolto

Dolto diferencia **imagem de base, funcional, erógena e imagem dinâmica,** estas elaborações constituem um anexo enriquecedor para repensar o Mapa Fantasmático Corporal.

*"A **imagem de base,** permite para a criança, e depois para o adulto, experimentar uma semelhança do ser, quer dizer uma continuidade narcisista ou continuidade espaço temporal que permanece e é criado desde seu nascimento."* Se constitui um narcisismo primordial como o da criança no útero.

*"A **imagem funcional,** enquanto a imagem de base tem uma dimensão estática, a imagem funcional é a imagem estênica[411] de um sujeito que tende a realização de seu desejo... Graças a imagem funcional, as pulsões de vida podem apontar, depois de terem sido submetidas ao desejo de manifestar-se para obter prazer, a objetivar-se na relação com o mundo e com o outro."*

*"A **imagem erógena** é o terceiro componente da imagem do corpo... onde se focalizam prazer e desprazer erógeno na relação com o outro."*

Se a imagem de base garante a continuidade narcisista, a imagem funcional permite uma utilização adaptada do esquema corporal e a imagem erógena abre para sujeito a via de um prazer compartilhado.

As três imagens se atualizam na **imagem dinâmica.** Esta corresponde ao desejo de ser, não tem representação que seja própria, ela é tensão de intenção: sua representação seria a palavra desejo, seria um desejo em movimento.

Tabela das imagens de base, funcional, erógena e dinâmica, segundo Dolto:

Imagem de base	Individualidade de ser.	Continuidade narcisista.	Continuidade espaço temporal que permanece e se desenvolve desde seu nascimento
Funcional	É a imagem estênica de um sujeito que tende para o cumprimento de seu desejo.	Utilização adaptada do esquema corporal.	As pulsões de vida se subjetivam no desejo e se manifestam para obter prazer.

---

[41] [1] Estênico: de stenos limitar; do grego sthenos, força. **Tipo estênico:** tipo constitucional caracterizado pela força muscular; acompanhado de energia, de tonos, de força, ou o que está relacionado a eles.

Erógena	Se focaliza no prazer e desprazer erógeno na relação com o outro.		Abrem a via de um prazer compartilhado.
Dinâmica	Desejo de ser, sua representação seria a palavra desejo.	Tensão de intenção, seria um desejo em movimento.	Não tem representação que seja própria.

Fonte: autores (2022)

O Mapa Fantasmático Corporal contém as quatro imagens, responde à imagem dinâmica e se conecta com as pulsões de vida e de morte. De vida enquanto tem ligação, ainda que em sua estrutura acomoda as pulsões de morte.

Por exemplo, no caso de Ernesto, um paciente de 54 anos que reiterava sua problemática de insônia que o impedia de ter uma vida ativa, era evidente que a pulsão de morte o levava a ficar detido na imagem de base, não podendo estar ligado na corrente de seus tempos, ele esperava poder indicar conscientemente o que sonhar, dado o temor que tinha aos sonhos e a não contenção interna. Temia a liberdade do sonho e a dificuldade de sua metabolização. Sua agressividade se relacionava com desamparos, abandonos precoces que o impediam de construir a imagem funcional e a erógena. Não podia aceitar dentro de si a autonomia na criação dos sonhos. Um longo trabalho o permitiu construir ou reconstruir a imagem funcional e a imagem erógena, o que o permitiu integrar a imagem dinâmica.

CAPÍTULO 4

CLASSIFICAÇÃO DOS MAPAS

Era uma incomum ocupação essa de traçar a morte em cima de um
mapa, pois o soldado toma o pretexto do dever, para sublimar tudo.
(Pere Calders)

A clínica nos levou a classificar os mapas segundo determinadas características e poder atuar em distintas direções.

Uma primeira observação é que podem ser realizados nos planos bidimensional, tridimensional e multidimensional.

Descreveremos no plano bidimensional o desenho livre, a silhueta individual e/ou grupal, e aqueles outros que ocupam uma superfície plana.

No tridimensional elegemos exemplos de mapas realizados em argila, almofadões e máscaras, entre outros objetos.

Os mapas multidimensionais (instancia além do plano e do volume) são aqueles construídos por palavras, relatos, cenas, sons, imagens, gestos etc.; que ressaltam ou super dimensionam aspectos metafóricos, ficcionais e poéticos.

Em muitos casos, o mapa resulta uma plataforma que descola e transcende uma forma ou figura representacional para construir uma produção criativa comumente de aproximação estética.

Mapas Bidimensionais

A Silhueta

Uma das modalidades mais frequentes para representar o corpo é utilizar uma folha de papel em que tenha impresso uma silhueta, para que a pessoa modele nela diferentes imagens no plano da bidimensionalidade.

Incorporamos essa técnica do desenho da silhueta como parte das técnicas que conformam um conjunto que permite visualizar aquilo que denominamos como Mapa, dado que a silhueta não é o Mapa, mas uma possível base para sua realização.

Outra modalidade de representação, sempre sobre o plano, é colocar uma pessoa sobre um amplo papel, ou sobre um pano, e outra pessoa delineie o seu contorno com pintura ou traços em lápis. *"A pessoa que ofereceu seu corpo como molde, ao levantar-se vê refletido seu contorno no espaço de papel"*[42] e a partir daí, podem criar-se rotas ou objetivos diferentes segundo a intenção com a qual se realizou a silhueta.

A utilização da silhueta é um recurso que acompanha o homem desde suas origens. Em nosso país, Argentina, a silhueta adquiriu uma força representativa que nos marca como sociedade desde quando começaram a desenhar as mães dos desaparecidos durante a ditadura militar, no piso da Praça de Mayo, para representar a ausência e a presença de seus filhos e familiares desaparecidos.

Entre os anos 1976 e 1980, dada a conotação que a silhueta tinha nesse período, nos vimos obrigados a não a incorporar na intimidade da sessão pelas intensidades que colocavam em jogo.

A Silhueta[43][44], por exemplo, foi um evento plástico político a partir da silhueta.

---

[42] MATOSO, E. *El cuerpo territorio escénico*. 3. ed. Letra Viva, 2008.

[43] Se bem que existem alguns antecedentes prévios, durante a Terceira Marcha da Resistencia convocada pelas Mães da Praça de Maio, em 21 de setembro de 1983 se realizou o "o Silhuetaço". O procedimento foi iniciativa de três artistas visuais (Rodolfo Aguerreberry, Julio Flores e Guillermo Kexel) e sua concretização recebeu aportes da Mães, das Avós, outros organismos de Direitos Humanos e militantes políticos. Daí em diante se converteu em um contundente recurso visual "público", cujo uso se expandiu. Com modelos ou usando o contorno de pessoas que ofereciam seu corpo para esse fim, os participantes desenharam milhares de silhuetas de homens, mulheres, crianças. Este ato foi fotografado por Alfredo Alonso.

[44] Ver artigo *"El mapa y el Hueco de lic. Carlos Trosman em el capítulo 8".*

Na escola é uma ferramenta muito utilizada na aprendizagem, com diferentes objetivos. Sobre as silhuetas o aluno modela, completa a imagem do corpo, de partes deste, ou somente registra com maior precisão formas, espaços, tamanhos etc.

"O homem pré-histórico desenha todo tipo de representação em suas cavernas: impressões digitais, impressões de mulheres com peitos robustos, animais selvagens. Nas paredes de algumas cavernas se encontra o que os pré-historiadores chamam mãos negativas. Para representar a mão o homem pré-histórico tinha duas técnicas: A mais simples consistia em pintar a mão e logo apoia-la sobre o muro para deixar a impressão da mão. A segunda mais indireta e sofisticada: a mão que pinta não desenha ela mesma, se ela posa sobre a parede da caverna e se a delineia com pintura deixando-a cair em cima. Quando se levanta o que aparece é uma mão não desenhada. O resultado da separação física da mãe poderia ser do mesmo tipo. O homem pré-histórico não nos esperou para saber o que é o negativo."[45]

A semelhança da mão traçada em seu contorno, o que fica à vista é o que tem sido chamado como "mão negativa". O negativo na definição do Mapa não faz referência a uma valoração moral, mas que se refere à presença do ausente no desenho. Em nossa investigação acerca da silhueta destacamos um "o que fazer" sistemático de sua implementação segundo objetivos diferentes, sejam, psicoterápicos, psicanalíticos, corporais, expressivos, artísticos, grupais, educativos, entre outros.

Modelo de silhueta básica

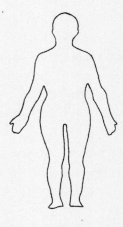

---
[45] GREEN, A. *Jugar com Winnicott*. Buenos Aires: Amorrortu, 2007, p. 58.

Classificação dos Mapas

Tendo em conta fins puramente didáticos e para facilitar ao leitor o agrupamento dos distintos tipos de mapas por características ou traços específicos, utilizaremos aqui, como exemplo, aqueles mapas realizados em papel com a silhueta vazia como básica.

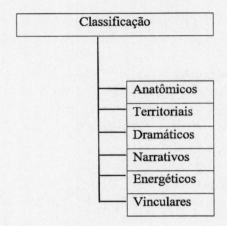

Anatômicos

Nestes mapas se destacam mal-estares, dores localizadas ou difusas, zonas agradáveis, cicatrizes, feridas que especificam no traço o lugar do corpo físico onde acontecem. *"A dor sendo* física ou psíquica sempre é um fenômeno de limite. Sempre emerge no nível de um limite ou bem entre o limite impre*ciso entre o corpo e a psique."*[46]

A pessoa, por vezes, reforça tocando ou sinalizando com sua própria mão as zonas marcadas. Como se esse reforço sublinhasse a intensidade e importância do registro. Se a própria dor constitui uma marca que é trazida à consciência, ao reforçá-la com o contato se intensifica a hierarquização desta parte em seu corpo.

O Mapa Fantasmático Corporal seria um espelho que devolve à carne a marca da dor que o papel captura. Se reatualiza ou presentifica. Por sua vez, quando se refere ao mesmo e expressa a qualidade, intensidade e domínio que exerce essa dor sobre si, deixa ver um fiapo do fantasma que

---

[46] NASIO, J. *El dolor físico.* Gedisa, 2007.

alimenta essa dor em seu corpo, a leitura, desde a especificidade médica, fornece um enquadramento do diagnóstico clínico particular ao mal-estar e formas possíveis de alivio.

O Mapa Fantasmático Corporal, ao ser refletido na folha impressa, abre uma armadura própria da zona ferida e vai orientando o desmascaramento dos fantasmas, dando espaço a fantasias, medos, recordações fixadas nestes lugares ou associações com outros mal-estares vividos que constitui-se um eloquente Mapa da atitude da pessoa frente à parte do corpo específica que se dimensiona de diferentes formas: a pessoa pode ignorá-la, minimiza-la, odiá-la ou agiganta-la. Aqui se levanta o tema da decodificação possível dos Mapas, que implica a tolerância à vivência perceptiva do corpo como um todo que o mal-estar rompe, ou a aceitação e necessidade de realocação de danos em uma "totalidade" tolerável dentro da fragmentação dinâmica da imagem corporal.

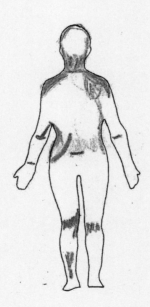

Este Mapa desenha uma anatomia da dor, expressa claramente a vivencia de fragmentação que o segmenta. É a silhueta de um homem de 48 anos que apenas plasma suas zonas doloridas em cor vermelha. Porque *"a dor é vermelha como o sangue"*, disse. Na cintura às vezes a dor sobe até a axila e atinge o cotovelo. Logo explica a frequência e permanência dos mesmos. Não assinala as outras partes do corpo *"porque estão bem e não necessitam*

nada". É frequente que a dor seja representada com a cor vermelha, pois lembra a inflamação, congestão sanguínea, entre outras associações. Neste trabalho foi interessante resgatar a relação entre a cor e o sangue, como se o Mapa fora uma primeira máscara e, ao mencionar a palavra "sangue", resultou no desenho de um véu. *"Cada vez que vejo sangue desmaio, produz em mim uma dor insuportável. Daí que foi importante dar representação as zonas que aparentemente não incomodavam, registrar sem associa-las a uma dor e encontrar imagens que limitaram a doença para que esta não se espalha--se em uma 'poça de sangue'",* dentro de zonas que se imaginava ausentes, brancas, porque não necessitavam nada. Essa modalidade de adentrar-se as zonas doloridas, implica avançar passo a passo, já que *"Não há dor sem sofrimento, quer dizer sem significado afetivo que traduza o deslocamento de um fenômeno fisiológico a consciência moral do indivíduo".*[47] É importante contornar a camuflagem, uma vez que, como mecanismo defensivo, tanto a ausência de imagens destas zonas brancas como as destacadas pela dor se alternam no mascaramento, na tentativa de manter um suposto equilíbrio frente ao sofrimento.

Disfunções alimentares nos mapas anatômicos

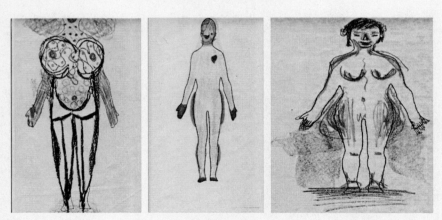

Estes Mapas que a partir da silhueta base manifestam modificações especificamente nas zonas do quadril, seios, panturrilhas, entre outras, foram produzidos por mulheres cuja problemática comum se manifesta em transtornos da sua imagem corporal relacionadas com patologias como anorexia e/ou bulimia.

---
[47] LE BRETON, D. *Antropología del dolor*. Barcelona: Seix Barral, 1999.

Territorial

Estes mapas têm como referência a relação da imagem do corpo com a natureza e frequentemente representam partes do corpo semelhantes ou em referência a paisagens, bosques, flores, desertos, animais, pedras, fogo, entre muitos outros. Essas formas próximas ao natural permitem a pessoa dar um habitat geralmente protegido ao seu corpo que pode ser de ordem holístico, cósmico, religioso.

"O homem é o céu e a terra e as esferas interiores, os quatro elementos e o que existe dentro deles. Desta forma, que seja correto chama-lo microcosmos, porque é o mundo inteiro... Existe dentro do homem um firmamento estrelado com um poderoso curso de estrelas e planetas. O coração é o sol, o sol atua sobre a terra e sobre si mesmo."

Paracelso

"A concepção moderna do corpo implica que o homem seja separado do cosmos (já que não é o macrocosmos o que explica a carne, mas uma anatomia e uma fisiologia que só existe no corpo). Responde a uma sociedade do tipo individualista na qual, o corpo é a fronteira da pessoa e finalmente de si mesmo (o corpo é criado como algo diferente dele)."

Le Breton

A reflexão destes autores com relação ao homem e a natureza assinala a diferença conceitual do período renascentista com o pensamento da atualidade expressada por Breton, em que o homem foi se separando cada vez mais não somente da natureza, mas que foi transformando seu próprio corpo em estrangeiro de si mesmo, desnaturalizado, desterritorializado.

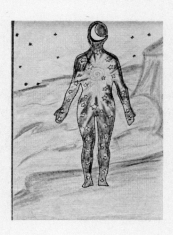

Este Mapa se recorta dentro de uma paisagem conhecida e desejada pela pessoa, emoldurado por estrelas, o sol, a lua, o mar. A natureza como expressão de beleza e saúde se encontra em muitas representações em que o bucólico tempera, por momentos, aquilo que angustia ou se encontra encarnado como ausência perceptiva do próprio corpo, quer dizer, "o substitui", o mascara. Por sua vez, é uma modalidade frequente de religar a temporalidade diferente do próprio corpo com o espaço e tempo do associado ao "natural". É interessante nesse tipo de representação investigar a finitude. Encontrar no acontecer corporal a permanente modificação, transformação, e sua relação com a mutualidade da natureza como fator de mudança.

Dramáticos

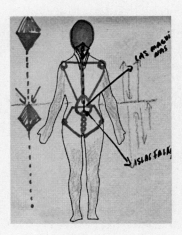

São aqueles Mapas Fantasmáticos Corporais nos quais se destacam as características de um personagem, características faciais como máscaras com um entorno que evoca uma composição cênica. Adquirem tanta importância, gestos, vestimenta, acessórios, posturas que se imprimem sobre a silhueta. Neste caso, o feito dramático se expressa na dualidade homem-máquina. Este Mapa apresenta uma pessoa que se descreve atravessada por tubos que armam uma estrutura em movimento. No desenho paralelo instala um duplo de um modo esquemático. Se considera uma "maquina" muito vital, por ser vermelha, que está sempre em movimento. Ela diz que estas frases que saem das flechas do centro de seu corpo e se orientam uma para o norte e outra para o sul, representam as Ilhas Falkland em uma e em outra as Malvinas. Prefere não falar neste momento do tema. Transfere um conflito de ordem internacional como o vivido em nosso país, Argentina, no ano de 1982 com relação às ilhas Malvinas e o enfrentamento com os ingleses, para um conflito pessoal que divide o corpo em duas direções opostas. Realça a relação corpo-mundo.

Consideramos este Mapa como dramático já que levanta o tema do duplo, o outro-máquina e o conflito explícito ou implícito no desenho com referência às Ilhas. As características do conflito levam a crer que a máquina, como descrito, responde a um funcionamento orgânico e sistemático, o qual tende a se tornar desequilibrado quando algumas pessoas o enfrentam ou quando aparece nos sonhos. Daí suas frequentes insônias nas quais *"a máquina não pode se deter".* O utilizar objetos, máscaras que permitem potenciar e definir o funcionamento da máquina, é tão importante como o ato de fazê-la parar. Tempos depois, quando se referiu às Ilhas ao observar o Mapa, disse: *que as ilhas eram duas metades dela, muito distantes e que poderiam chegar a ser abrigos que permitem esconder-se caso a máquina não funcionasse mais.* Atuar como máquina e a deter ocorreram num mesmo plano metafórico, representação de um vai e vem que constituiu eixo de centralização e descentralização na orientação de uma clínica da imagem.[48][49]

A Fada Madrinha ou a Palhaça[50]

---
[48] MATOSO, E. *El cuerpo territorio de la Imagen.* Obra cit.
[49] BUCHBINDER, M. J. *Poética de la Cura.* Obra cit.
[50] MATOSO, E. *Actualidad Psicológica* Periódico mensual n. 376. Fragmentos deste capítulo foram publicados no periódico citado.

Este desenho mostra a gravidez de um personagem fantasiado, a fada, na representação da imagem do corpo. É uma exemplificação de um modelo de trabalho que denominamos:

Clínica da imagem e da cena[51] [52]

A Marcela, atriz, gosta de fazer atividades para crianças nos bairros. Quando vê seu desenho diz, *"eu sou uma fada madrinha, um duende ou um palhaço, assim vivo, para mim, isto não é um disfarce esta é minha roupa. O que eu uso para meu trabalho,* é um disfarce. Eu vivo entre sonhos, a realidade não me interessa, só vivo entre as fadas *com as crianças".* A partir de suas palavras vem à luz seu mundo de fantasias e imagens expostas no personagem e se interroga sobre sua própria identidade. Pode-se registrar aqui a indiferenciação entre persona e personagem. Feito frequente naqueles atores ou atrizes que conservam uma impregnação em seu corpo do personagem que representam e lhes custa recuperar a tonalidade de sua voz, seus gestos cotidianos, seus vínculos, desde outro lugar que não seja o da cena. Habitam no "como se" em muitos momentos de sua vida.

A clínica da imagem e da cena, desde o lugar específico do trabalho corporal dramático com máscaras, é uma metodologia que consiste no levantamento do Mapa Fantasmático Corporal, bem como o acompanhamento e aprofundamento da construção da imagem corporal, suas características e as possibilidades de elaborar um diagnóstico e um tratamento a partir das imagens do corpo, com a implementação de distintas técnicas corporais, lúdicas e dramáticas na utilização de objetos e máscaras.

O trabalho corporal e cênico com Marcela exigiu a sutileza de ir entrando e saindo da cena, de dar espaço ao não visível, ao vazio, à inconsistência, à criação e recuperação de outros personagens e imagens.

Marcela perde seu corpo entre os personagens, neste caso, convertida em fada ou duende. Há uma corporeidade centrada no etéreo, a transparência, a leveza, como se não houvesse volume suficiente. Falta carne, pés na terra, opacidade. O trabalho consistiu em reconstruir uma imagem de si mesma, perdida no mundo das fadas.

---

[51] MATOSO, E. *Cuerpo territorio de la Imagen*. 3. ed. Buenos Aires: Letra Viva - Instituto de la Máscara, 2008.

[52] BUCHBINDER, M. J. *Poética de la cura*. Buenos Aires: Letra Viva - Instituto de la Máscara, 2001.

Na cura apareceram personagens que lhe facilitaram ações com maior definição, como aqueles que lhe ajudaram a terminar o ensino médio, manter um trabalho estável, manter um vínculo de casal, já que a "magia" de fadas e duendes a desapegava de compromissos e crescimentos.

O ponto de partida foi a fada, dramatiza-la, faze-la voar, vesti-la, eleger as máscaras para fortalece-la, em seguida transferir esses objetos ao manequim. Ver a "fada" fora de seu corpo. Começaram assim, registros e percepções que davam conta de uma corporeidade embaçada e dolorida, de perdas de vínculos significativos. Quando adentrar nestes aspectos a bloqueava, voltávamos a recuperar a fada.

A clínica da imagem e da cena é uma trajetória de vai e vem, um ir e voltar já que a fada é sustentada por uma determinada imagem corporal que se "perde", como saltar sem paraquedas, no vazio da imagem. Este vazio corrobora sua relação com as patologias do narcisismo. O vazio da imagem é um momento de perda de identidade que pode prejudicar mais que fortalecer a função egóica de reconstrução da imagem.[53]

Narrativas

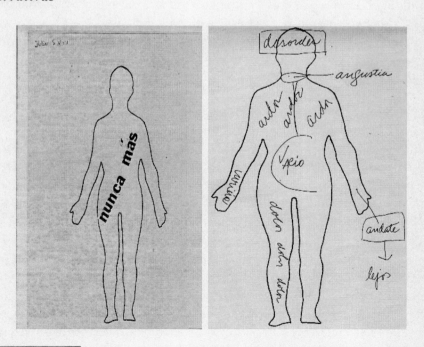

[53] MATOSO, E. *El Cuerpo territorio escénico*. 3. ed. Buenos Aires: Letra Viva - Instituto de la Máscara, 2008.

Estes mapas têm inscritas palavras que evocam de imediato relatos, narrativas.

Disse Ricardo Piglia em seu livro Formas Breves: *"A arte de narrar é a arte da percepção errada, daí a distorção, [...] é a história secreta do dito, com o subentendido e a ilusão [...] todas as histórias do mundo se tecem com a trama de nossa própria vida. Distante, escura, são mundos paralelos [...] laboratórios onde se experimenta com as paixões pessoais".* Daí a importância do escrito assim como o não escrito no Mapa. As palavras constituem uma grafia cuja significação guarda o enigma de uma história como ocorre com a cor, a voz, o gesto ou uma máscara que "disse" em suas formas ou desenhos o que, por sua vez, permanece nas sombras.

Figura A: essa silhueta é de uma mulher que manifesta pouco diálogo com seu marido, só escreve palavras na silhueta ao mesmo tempo que relata fatos. Ao pedir-lhe que realize seu desenho em silencio, não pode calar-se e continua mesclando o relato falado com as palavras escritas e as vezes as repete. Quando finaliza, não quer comentar o realizado prefere seguir com o mesmo relato, sem interrupções, não dá lugar ao diálogo. Depois de realizar sucessivos Mapas similares e superpostos ao relato, a proposta foi excluir algumas das palavras. Foi um momento de desconcerto, sensação de vazio, lágrimas e como resposta ao pedido encheu ainda mais de palavras a silhueta. Durante meses foi impossível estabelecer segundos de silencio e ausência de palavras, para adentrar na percepção de seu corpo. Diante do pedido de colocar com fita adesiva, algumas palavras recortadas de seu próprio Mapa sobre partes do corpo, continuou sentada e as colocou com gestos mecânicos sobre as pernas, sem dar importância ao lugar elegido: a distância entre palavra-corpo resultava num abismo. Este abismo faz pensar numa possível quebra brusca de ordem física com um estrondo repentino. Em sua casa, tropeçou em uma almofada e fissurou o osso escafoide (na articulação da munheca), evento que trouxe num golpe o corpo e o corpo num golpe. O gesso constituiu "o ajudante" que a possibilitou "silenciar as palavras" e registrar outros relatos perceptivos da área machucada.

Figura B: esta representação carrega as palavras "Nunca Mais" a estória dos desaparecidos em nosso país. A primeira associação que realizou uma menina com seu pai desaparecido é que a silhueta lhe resultava tão forte desta representação que não podia se aproximar desta, já que seu corpo era um vazio que seu pai havia deixado e que nesta etapa de sua vida não podia conectar-se de outro modo. A silhueta vazia confirma a ausência, esse vazio faz presente um corpo, a imagem possibilita que permaneça vivo, pleno.

O vazio poderia ser uma política do esquecido e/ou Nunca Mais, uma presença da memória inscrita nos corpos. O trabalho com ela partiu do vazio-cheio de sua imagem e seu esquecimento-memória na conformação de sua identidade.

Caligramas[54]

Alguns **caligramas** podem ser considerados como mapas narrativos. Caligrama é um poema visual no qual as palavras "desenham" ou criam um personagem, um animal, uma paisagem, ou qualquer objeto imaginável.

Guillaume Apollinaire, poeta francês, impôs a moda da criação deste tipo de poema visual no século 20. Cabe recordar obstante que as origens do caligrama remontam à antiguidade e se conservam na forma escrita desde o período helenístico grego. Para criar um caligrama teremos que partir de uma ideia, uma palavra, uma expressão, um objeto que teremos que transformar em imagem e em poema. Alguns dos Mapas têm a estrutura do caligrama.

---

[54] Esta temática se amplia no artigo de Claudio Mangifesta "Poesia Visual: Corporeidade e criação".

Oliverio Girondo foi um poeta argentino que se aventurou nos caligramas, dos quais incluímos um exemplo a seguir:

Poesia em forma de pássaro:

Azul
brilhante
o Olho
o bico laranja
o pescoço
o pescoço
o pescoço
o pescoço
o pescoço
o pescoço
o pescoço ferido
pássaro de papel e tinta que não voa
que não move, não canta não respira
animal feito de versos amarelos
silenciosa plumagem impressa
talvez um sopro perturbe
a misteriosa palavra que contém
suas duas pernas
pernas
pernas
pernas
pernas
pernas
pernas
pernas
pernas a minha mesa

Fazemos aqui um parêntese histórico para ilustrar com um mapa do corpo do ano de 1200 encontrado na Alemanha, que permite ver a letra no projeto do corpo.

MAPA FANTASMÁTICO CORPORAL

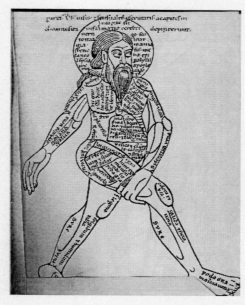

Fonte: NADDAFF, R. Tazi, N. *Fragmentos para uma historia do corpo humano*, Taurus, Madri, 1992

Energéticos

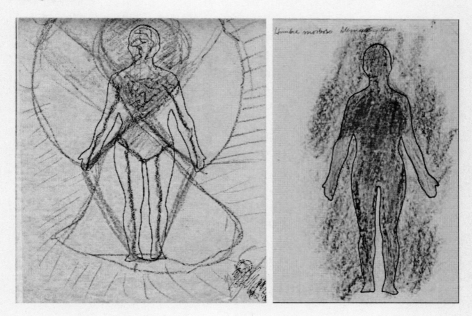

65

 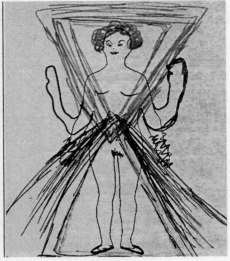

Estes mapas fazem referência a zonas de acumulação ou distribuição energética associada a centros corporais ou linhas que atravessam o desenho, fuga de cores que evocam um movimento de impulso direcionadas dentro e fora da silhueta. As concepções acerca da energia provêm de desenvolvimentos da Ciência, Filosofia, Religião, Arte, tanto da cultura e disciplinas ocidentais, como também orientais: conceitos como o ying e o yang, influencias energéticas próprias dos maias ou astecas, o fluido vital que estes faziam e se referiam a si mesmos como alquimistas, os pranas hindus ou os chakras que organizam a anatomia corporal com parâmetros distintos aos dos ocidentais e que têm sido estudados por disciplinas como a Psicologia, Antropologia, Parapsicologia, a Medicina, determinadas orientações metafísicas, a Homeopatia, entre outras.

Investigações acerca da energia já foram mencionadas por Freud ao referir-se "à *pulsão como um processo dinâmico consistente num impulso (carga energética, fator de motilidade) que faz com que o organismo tenda a um fim...*"[55], e nas cartas a Breuer, Freud menciona o desvio da energia no caso da histeria. Reich centra sua investigação e desenvolvimento clínico na energia que denomina Orgón, energia que cavalga entre orgânico e o orgásmico, e associa a repressão de emoções ou as tensões acumuladas em zonas determinadas do corpo que bloqueiam o caudal energético.[56]

---

[55] LAPLANCHE; PONTALIS. *Diccionario de Psicoanálisis*. Labor, 1971.
[56] MATOSO, E. *El Cuerpo territorio de la Imagen*. 3. ed. Buenos Aires: Letra Viva - Instituto de la Máscara, 2009.

Nos mapas, as dinâmicas energéticas vêm expressadas, por exemplo, em intencionalidades de cores ou nos limites dos traços. Existem quem atribui cargas energéticas a uma cor em particular. Como o vermelho = paixão, o negro = morte. A energia geralmente é conhecida como potência, força ou agressão e é assinalada não somente por uma coloração diferente, mas também por sons, tipos de movimentos que expressam um apertar e afrouxar. É frequente relacionar o fluxo energético com determinados afetos.

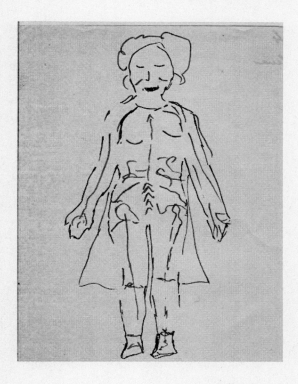

Esta imagem apresenta um desenho do corpo em que os traços se interrompem. O motivo da consulta desta mulher se relaciona com a frequência de sua gagueira, normalmente quando está na frente de várias pessoas, ou quando o tema de uma conversa exige uma opinião mais comprometida. Sua psicoterapeuta e uma fonoaudióloga lhe recomendam um trabalho sobre seu corpo já que não tem nenhuma lesão de ordem física que justifique, e que "é de nervoso", disse ela. O Mapa Fantasmático Corporal revela uma "suposta gagueira" nos traços gráficos da silhueta. Não somente faltam traços ou linhas contínuas, mas também chama a atenção a transparência, como se o dentro fosse visto no mesmo plano que a roupa, e seguramente, temas como a função unificadora e protetora da pele estivesse debilitada. Também o traço entrecortado é débil, apenas visível em alguns lugares. Com o energético aparece o dramático que evoca um personagem que ela mesma relata como titubeante, tímida e impotente.

As primeiras propostas a se realizar, foram o deslocamento, movimentos agitados e outros ligados num *continuum*.

A utilização da máscara foi uma via régia para aproximar-se da fantasmática alojada na gagueira. Ela elege uma máscara com traços fortes, as vezes masculinos, e deixava de gaguejar e não hesitava em se mover. As vezes a máscara eleita era maior que sua cabeça, prendia tecidos que pendiam do seu queixo, se transformando ela mesma em uma figura espectral que assustava a quem se aproximasse. Desmascarar e se mascarar, transitar em uma multiplicidade de máscaras foi mecanismo vital, até quando fez a sua própria em argila e a gagueira progressivamente foi se curando.

Vinculares

Os Mapas vinculares podem ser familiares, grupais e sociais:

Mapa Grupal

Esta imagem capta um momento em que um grupo, organizacional ou de empresa, está realizando um Mapa Grupal. Cada integrante pode intervir em toda a superfície do papel, segundo a proposta que se estabelece para a sua construção. Expressam as imagens do corpo dos integrantes do grupo e também uma imagem do grupo em si. Constitui uma base para trabalhar distintas temáticas que fazem a configuração do grupo e dos vínculos como um lugar próprio e do outro. Lideranças, superposições de partes e ausências de outras. Limites implícitos e explícitos.[57]

Mapas Tridimensionais

A classificação anterior, cuja exemplificação se realizou a partir da silhueta base, se estende a mapas no espaço tridimensional. Por exemplo, mapas anatômicos em argilas e dramáticos em superposição de telas, máscaras, instrumentos musicais, brinquedos sobre um manequim.

Estes mapas-objetos destacam a relação com os outros. É possível que a vincularidade se desprenda em uma única silhueta que tem outras virtuais ou reais em seu entorno.

---

[57] Os artigos de Lic. Ana Luisa Brasburg e Lic. Valeria Uhart "Mandala, Mapa e Protocena". O jogo nos cenários circulares, de Ana Cassirelli: As peles migrantes, da Lic. Estela Arona, Mapas dentro do Mapa e o de Lic. Patricia Mercado, a operação de fazer mapas, encaram desde diferentes enfoques o tema grupal, institucional e social estão trabalhados nas páginas seguintes no capítulo 8.

Em situações de vincularidade, é possível a construção de mapas realizados por integrantes de uma família, instituição, grupo, entre outros. Nestas representações se faz visível de imediato a relação com o outro real ou imaginário. Se relaciona com frequência com os mapas dramáticos.

As imagens tridimensionais correspondem a uma instalação[58], apresentada por uma aluna, em que mostra uma relação com seu corpo, o corpo dos outros e os mundos que os abrigam.[59] [60]

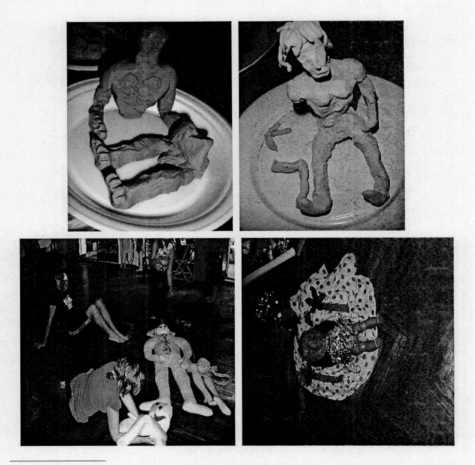

---

[58] Instalação realizada por uma aluna como trabalho de campo. Exame final do último ciclo da Carreira Terciaria Oficial de Coordenadora de Trabalho Corporal do Instituto de la Máscara. Desde as esferas do material plástico, uma representa seu mundo ao começar sua formação, e o outro leva escritas as palavras que representam etapas transitadas durante os três anos, e por fim, a silhueta que penduram entre uma e outra esfera fazem referência aos distintos corpos próprios e de seus companheiros que foram construindo durante o tempo.
[59] Ver GROISMAN, M. *Hacia uma sociología del cuerpo*; Mapas corporales subjetivo-sociales.
[60] Mapa Fantasmático Institucional (MFI) de Lic. Luis Alberto Stoppiello, faz referência ao tema do capítulo 8.

O Mapa ao expressar uma forma sempre dá conta de um espaço-lugar.

Se formata um dentro e um fora da pele, se questionam hierarquias conceituais: o inteiro e a parte, a unidade e o fragmento.

A estruturação e desestruturação corporal.

Testemunha a visibilidade e a invisibilidade do consciente e inconsciente da história pessoal e da história humana que fazem corpo em cada Mapa.

Mapas Multidimensionais

A multidimensão nos mapas se refere à mutabilidade de tempo e espaço que acentuam dimensões fantasmáticas.

Estes Mapas têm a marca do provisório, Foucault por exemplo, quando escreve sobre Magritte, diz que este artista *"dá um nó nos signos verbais e nos elementos plásticos, [...]esquiva o fundo do discurso afirmativo no que descansava tranquilamente e põe em jogo puras semelhanças e enunciados verbais não afirmativos na instabilidade de um volume sem pontos de referência e de um espaço sem plano. Operação cujo formulário proporciona de certa maneira: < Isto não é um cachimbo>."*

"Praticar um caligrama no qual se encontram simultaneamente presentes e visíveis a imagem, o texto, a semelhança, a afirmação..."

"Deixar que as semelhanças se multipliquem a partir de si mesmas, nasçam de seu próprio vapor e se elevam sem fim num éter que somente remetem a si mesmas [...] verificar ao final da operação que o precipitado tem mudado de cor, que tem passado do branco ao negro, que o <isto é um cachimbo> silenciosamente oculto na representação semelhante se converta no <isto não é um cachimbo quanto as semelhanças em circulação>."

No parágrafo anterior, Foucault ressalta o paradoxo acerca de uma verdade que se contradiz em si mesma, se destaca uma multiplicidade de leituras ou decodificações, desde a pintura até a escritura.

Foucault, referindo-se a Magritte, nos leva a pensar que a multiplicidade de modos expressivos em que jogam os Mapas geram condições para deixar de lado o discurso afirmativo e permitir se abrir a semelhanças e enunciados verbais, em que a complexidade do humano pode ser encenada.

O Mapa constitui uma verdade, ou múltiplas verdades, paradoxos como a afirmação e negação de que "isto é e não é um cachimbo" abre a verdade do ser e do nada. Possibilitando o diálogo entre autor e interlocutor.

Contextualizando Mapas

O Mapa Fantasmático Corporal resulta num dispositivo de ancoragem, *um entre,* um intermediário, tanto para quem o realiza como para seu interlocutor. Se define assim uma rota cujas direções implicam a apropriação da imagem corporal ou de como é possível trazer palavras, relatos, textualidade e/ou figurabilidade para a apreciação que a pessoa tem de seu corpo e sua representação.

O Mapa tem um papel estruturador e des-estruturador das imagens do corpo. Testemunha a partir de seus traços e da ausência dos mesmos a relação que cada sujeito, consciente ou inconscientemente, estabelece com o tempo, o espaço, o vazio e o cheio. Possui uma referência constante com a completude ou a fragmentação da figura traçada, que vela e revela a fantasmática corporal.

Ele merece uma reflexão específica dentro dos vazios ou ausências (espaços em branco) que testemunha, aqueles que se referem a figurabilidade ausente ou presente dos órgãos sexuais, ou porque não aparecem representados ou porque o erógeno está presente em cada traço. *"O corpo inteiro é uma zona erógena"* diz Freud, sem dúvida, é difícil que seja verbalizado no diálogo posterior. Isso não significa mutilação ou falta de identidade sexual, pelo contrário, marca a diferença entre o órgão desde o físico ou anatômico até o erógeno ausente de órgão, fonte de prazer e de desejo. *"O que tem que ser enfatizado é que a ordem do prazer se inscreve verdadeiramente no contraponto da ordem orgânica e constitui propriamente falando de sua subversão".*[61]

---

[61] LECLAIRE, S. *Psicoanalizar*. Buenos Aires: Siglo XXI, 1970.

Claro que se a zona afetada ou dolorida provém de partes do corpo que lembram órgãos sexuais, estas adquirem representação imediata nos mapas anatômicos. Por exemplo, a cicatriz de uma operação de mama ou a intervenção cirúrgica num testículo. Na pós-modernidade, o corpo se presentifica quando tem dor, sofrimento e desaparece ante a saúde ou o prazer. *"O homem é fonte do sagrado porque simboliza o mundo que o rodeia, transforma a si mesmo num objeto profano, com elementos que pertencem a seu patrimônio, objetos que podem sofrer desmembramentos ou experimentações na medida em que a noção de humanidade se volte facultativa com respeito a quantidade de órgãos ou de funções. O corpo é um membro supranumerário do homem e parece que tem que ser mantido a parte de um indivíduo, com um status de que cada vez pode falar menos."*[62]

Vale a pena reiterar que o relevante talvez seja, como descreve aquele que executa seu mapa, que observa e percebe, que sente, o reflexo, esse espelho de criação própria.

O Mapa Fantasmático Corporal é uma ferramenta que *"coloca fora do corpo"* o próprio corpo, é uma passagem a outro espaço concreto. O corpo que se presentifica no desenho é metáfora, semelhante aos duplos que vivem em cada um. Esse duplo, de que se nutre? De que se alimenta?

Pode ser um chupador de sangue que oprime e afoga ou um fantasma gigantesco que aparece quando menos se espera, ou uma voz infantil turbulenta e impulsiva, ou um sono recorrente.

O nutrir-se humano também se conjuga em imagens e fantasmas. Colocar "fora" é um modo de contextualiza-los, de desmascarar apenas uma borda ou um fio solto da riqueza oceânica do inconsciente.

---

[62] LE BRETON, D. *Antropología del cuerpo y modernidad*. Buenos Aires: Nueva Visión, 1990.

CAPÍTULO 5

REFERENTES EM JOGO

Entre Mapa e Psicanálise

Neste capítulo se reflete sobre a relação entre Mapa e Psicanálise, teorias da cena, o Psicodrama e outras práticas clínicas.

A "Psicanálise do Mapa" interroga o Mapa acerca da dimensionalidade do inconsciente e sua dramática, a estrutura fantasmática na tensão das pulsões e desejos, o plano de narcisismo e das relações de objeto ou da relação entre o imaginário, o simbólico e o real, entre outros.

Ao dizer "Mapa da Psicanalise", fazemos referência a um mapa dos conceitos, permitindo situar melhor a práxis teórica assim como a clínica no vínculo com o paciente.

A Psicanálise, entre outras disciplinas inspiradoras, a partir da leitura de Freud e trabalhos posteriores, destaca o lugar do corpo, da cena, máscara e da expressão, considerando a passagem do corpo da neurologia ao corpo erógeno.

A recuperação das investigações da neurobiologia acerca do neuronal e sua relação com as instituições freudianas, a afirmação de Freud de que o ego é eminentemente corporal, assim como os modelos da linguagem em Freud definidos por Julia Kristeva, e outras buscas ao largo de diferentes investigações, evidenciam a relação que se desprende destas formulações.

Materialidade e Estrutura do Mapa

O Enredamento entre fantasia e realidade em sua disposição particular, é uma constelação única. O Mapa é próprio de cada sujeito. A fantasia é sua materialidade.

A modernidade tardia com a saturação de imagens e a busca de uniformidade tende a destruir esta singularidade do Mapa; ao resgatá-lo tentamos recuperar a autonomia relativa do sujeito em relação ao mundo.

Recordamos que essa cartografia que dá a materialidade do Mapa não é somente gráfica, mas pode ter a estrutura da multidimensionalidade: do relato, dos sonhos, da fantasia, da cena etc., com graus maiores ou menores de organização e complexidade em seu desdobramento cartográfico.

A representação do Mapa é testemunho de um estado e, por sua vez, é criação, *poiesis* de um novo corpo. Se supomos que a psique cria um corpo, também podemos supor que o corpo cria uma psique, na verdade são indissolúveis.

No Mapa, rotas são reveladas cujas linhas vão se marcando na diversidade das formas de expressão, levam a revisar o circuito: soma-pulsão-ilusão-imaginação-discurso para a reelaboração. Se revisa e se revisita as cenas, as máscaras e a corporeidade e diversas representações.

Estratigrafia

Na análise da construção do Mapa Fantasmático Corporal, estratigrafia é uma contribuição significativa, uma vez que são camadas sucessivas que constituem sua representação e que ao eliminá-las redimensionam a sua significação.

O conceito de estratigrafia, contribuição da Geologia, é um estudo de interpretação das rochas sedimentarias estratificadas, de suas descrições, sequencias, tanto verticais como horizontais, cartografia e correlação das unidades estratificadas das rochas. Os estratos definem cada uma das camadas que consta essa formação, e algumas de suas classificações fazem referência por exemplo: ao teto do estrato e a sua base, a espessura compreendida entre o teto e a base denota a potência do estrato.

A estratigrafia contribui em diferentes disciplinas, como a História, a Arqueologia, a Linguística, quando se analisa as etapas ou camadas do desenvolvimento ou evolução da origem de uma língua, entre outras possibilidades.

As camadas ou estratos que são eliminados, ou não, a partir da representação no desenho do Mapa dão conta do grau de complexidade que se joga com o sujeito, como se cada desenho ou cada uma dessas camadas possibilitasse implantar essa complexidade no espaço do papel ou na sequência do discurso.

O Mapa Fantasmático Corporal é simultaneamente simples e complexo. Simples já que essa denominação implica um conjunto no qual está incluído no corpo, o mundo interno e externo. Complexo ao ter em conta os

MAPA FANTASMÁTICO CORPORAL

subconjuntos implicados e a multiplicidade em suas inter-relações. Alguns dos subconjuntos, além dos já mencionados, são os órgãos internos, a pele, os sentidos, assim como o histórico social, o cultural etc.

O mapa, desde a teoria da complexidade (Prigogine, Morin), reúne um conjunto complexo no qual possui subconjuntos determinantes e outros subordinados que variam o grau de determinação segundo o momento.

O Mapa Fantasmático Corporal gera as condições para fazer presente a multidimensionalidade do ser humano e escutar seus vários sentidos e nos diferentes estilos de linguagem; aberto ao pensamento racional, empírico, técnico e, de outro modo, o simbólico, mitológico, poético, mágico.

Se dão interações e feedbacks recíprocos. A visibilidade do Mapa destaca tanto o acontecimento nos extratos como a complexidade que estes adquirem, atuando sobre aspectos chaves da subjetividade que, por sua vez, incide constantemente sobre o Mapa.

Assim como a Imagem Inconsciente do Corpo não é simplesmente um desenho de um sujeito sobre um papel, o Mapa não é simplesmente o desenho do corpo, é a complexidade das manifestações da subjetividade na qual se devem ter em conta a relação entre o caos e o cosmos, a multiplicidade, a simultaneidade, o ritmo e as cores no Mapa.

Os Mapas de Nora

Qual é o Mapa de Nora? O mapa da família de origem ou da família atual é o mapa do seu corpo, de suas estruturas psíquicas, de seus ideais? É tudo isso e se desdobra a partir de uma sucessão de estratos que foram necessários limpar para compreender seu processo psicanalítico individual. A situação clínica de Nora denota as forças, tensões, desejos que brigam dentro dela. Ela se descreve como *"muito rígida e autoritária. Que se desespera pela busca de ordem"*; se nos detemos neste estrato se observa o imperativo ético acerca de como devem ser as pessoas, em outro nível ou camada subjacente se percebe *"a raiva"* contra aqueles que não cumprem com esses imperativos e a volta das pressões sobre si mesma, sobre seu próprio corpo, para modificar magicamente o mundo, que não é como ela supunha que deveria ser. O mágico se transforma, por momentos, em temores paranoicos e hipocondríacos, ou na moléstia que produz em seu organismo, como a constipação, também se observa a fortaleza de aspectos superegóicos próprios de um personagem crítico. Sua entonação, gestos, postura dão conta de seu jogo psíquico, em que parece seguir controlando na sessão aquilo que não pode controlar.

Nos desenhos aparecem a complexidade de sua situação clínica e a superposição de estratos que se desprendem do próprio exercício de controle que exerce sobre si mesma.

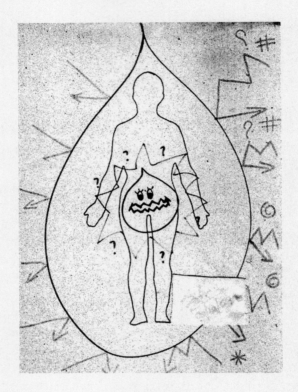

Depois de uma infecção renal, com muita dor, desenha um Mapa e diz:

"Isto que aparece como um ovo é o encerramento em mim. O exterior me rebata e se vai, como vocês".

"Os símbolos exteriores são como prostitutas de outros embora ninguém tenha dito. Saltam e se vão, são pessoas de quem não gosto, me coloco uma couraça. Morro se tenho que dar-lhes importância."

"A direita vozes familiar. Dizem: Como vai você?"

"Não sei porque a dor tomou forma de boca. Forma de gota, um fio de gota pendurada, de um galho e que está para cair."

MAPA FANTASMÁTICO CORPORAL

"O desenho estrelado, tem um ruído [crash] ruído como coisa boa"

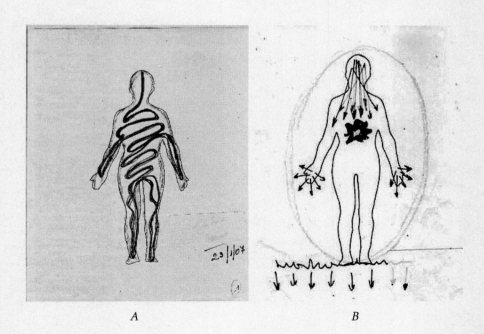

A   B

Ao referir-se a figura A comenta: *"uma barragem negra percorre todo o corpo, eu queria mudar tudo isso e adicionei duas linhas vermelhas. Uma bruxa me disse que a mão direita é curandeira que tira o negro. Coloquei uma moldura celeste ao redor do corpo porque representa a luz e a vida, gosto."*

A barragem negra se relaciona com forças pulsionais, que tenta limitá-las com as linhas vermelhas e as linhas celestes são forças ou energias que não transbordam, energias sublimadas?

Depois de realizar a silhueta B escreve: *"me sugere uma zona quente, tipo no estômago, provocada especificamente pela "MENTE" com uma extrema necessidade de fazer algo (flechas nas mãos). Desta vez, com os pés bem plantados na terra, e cuidando de mim e não me importando com o fora, pensando em mim, para mim."*

A paciente metaforiza o pulsional com o desenho do vermelho do centro e as flechas são as tentativas de dar continência, no jogo entre (como ela disse) a mente, as mãos e a terra. Quando ela se refere a cuidar de si mesma, a não se dispersar na agressão com os outros, ou seja, sair do paranoico, por vezes, tenta e tem bons resultados, por outras, cai em sintomas hipocondríacos.

O ovoide amarelo estaria representado imagens de proteção regressivas maternas, embora comenta que tende a encerrar-se devido a características claustrofóbicas, o que confirma mais o aspecto regressivo.

Sua luta está marcada pelas flechas enquanto a relação com o mundo interno-externo e com seu corpo. Os outros são objetos paranoides ou objetos reparadores. Os diferentes Mapas revelam etapas e camadas que a atravessam, a complexidade de suas articulações. O Mapa permite visualizar e também verbalizar com estes distintos caminhos.

Disponibilidade e Resistência

Projetar as imagens do corpo num desenho desperta resistência no começo, e os Mapas tendem a ser pouco expressivos, encapsulados. Por quê? É possível que transpassar as imagens do corpo a um objeto externo ao desenho, a outro código, produza inevitavelmente uma desestruturação de imagens; mostra sua carne e a incidência que exerce na constituição da identidade e a resistência que oferece a estas passagens.

É frequente que a construção do Mapa requer um estado particular, uma disposição semelhante a que se dá no enquadre psicanalítico, assim como em outros enquadres que sejam terapêuticos, artísticos, como em processos de criação.

Superam as defesas para poder encontrar-se com a "intensidade do material" e navegar entre os diferentes estados, fantasmas, pulsões etc.

Tem pacientes que a partir do Mapa entram diretamente em estados regressivos: como nas neuroses, ou naqueles que suas defesas não estão suficientemente constituídas, como em algumas patologias do narcisismo.

O Mapa resulta em si mesmo constituinte da subjetividade e por sua vez expressa um sujeito; tendo em conta essas considerações afirmamos que a construção do Mapa requer uma preparação prévia. Implica o desenvolvimento das possibilidades de expressão e acompanha o processo de criação da subjetividade.

As estruturas clínicas encerram o sujeito numa linguagem limitada, portanto mais que produzir rupturas defensivas, ou marcas de dificuldades, se trata de aproximar-se de outras linguagens, diferentes dos estereótipos das estruturas.

Na sequência de Mapas realizados por Nora se foi desarmando essa resistência à medida que os desenhos mostravam facetas, nos primeiros parágrafos descrevendo a si mesma, e ao se apresentarem indiferenciados ou encapsulados numa máscara que ela expressou ao dizer que é muito rígida, autoritária, e que se desespera pela busca de ordem.

Nas descrições seguintes se observa em outros pacientes a importância **do objeto e do desenho.**

A partir da dor em sua em sua coluna vertebral, **Osvaldo** constrói um Mapa de seu eixo vertebral com almofadas em que representa por um lado a família materna e por outro, a paterna. Se destaca o pouco peso da família paterna expressado pela escassez de almofadas que colocou; este fato foi um indicador dos significados colocados em sua coluna e permitiu direcionar a cura para com a relação com o pai.

Helena desenha na folha sua figura e "livros" com quem foi se encontrando na infância e na puberdade, concomitantemente a uma enfermidade neurológica que a levou a dificuldades motoras. Os livros, são relatos que ajudam a segurá-la na sua diferença frente à discriminação social ante sua incapacidade. A representação do Mapa lhe permitiu dimensionar os recursos as quais ela recorreu referentes aos problemas neurológicos e a sua potencialidade vital.

Na situação de Osvaldo, cujo Mapa foi realizado com almofadas, e na de Helena, que em seu desenho coloca livros que a sustentam e se põem de relevo, os objetos (almofadas, livros) atuam como marcadores das dificuldades de ambos. Como se ao destacar essa camada ou extrato do Mapa pudessem desmascarar os temores ao desequilíbrio, em Osvaldo que se manifesta com dores de coluna, e em Helena com alterações de estabilidade física.

O analista trabalha sempre com o Mapa: desenha passeios, entonações, relatos, relações transferenciais, contratransferências. Pois a especificidade do trabalho com o Mapa Fantasmático Corporal leva a passeios específicos.

Sublimação e Mapa Fantasmático Corporal

A realização do Mapa já é um ato de sublimação, especialmente pela passagem do objeto corpo ao objeto representacional, social; pois, também no Mapa, alguns dos objetos representados, postos no ato, são aqueles considerados como primordiais que nem sempre chegam ao processo de sublimação.

Partes do psiquismo se sublimam e ficam atadas ao arcaico dos objetos que não se podem metonomizar. Ou seja, que não podem se deslocar em outro e que ficam como a "pedra viva" como "apegados a um rancor", disse o tango.

Fazer um Mapa implica esse deslocamento, metonomizar para encontrar outro objeto em que se pode renovar sua significação, elaborar outra metáfora. O jogo entre a metáfora e a metonímia é de suma importância para a decodificação e analise do Mapa, o qual marca uma verdade que leva a diversas reconstruções.

O Mapa, como temos assinalado, é em si: corpo, psique, mundo.

Essa triplicidade é complexa e tem modos diferenciados de representação. Quando, às vezes, num Mapa aparece um recurso significativo e destacado do corpo, assemelha-se a um corpo "áspero", por exemplo, o mesmo ocorre quando em situação de catástrofe se impõem determinadas representações do mundo.

Mapa e Psicanálise

Freud cria a psicanalise com uma profunda elaboração sobre o corpo da histeria. Diferencia o corpo da neurologia do corpo erógeno, o corpo marcado pelo desejo e pela cultura.

Ao desenvolver seu método e sugerir ao paciente que se deite no divã, coloca o corpo num paradoxo, entre parênteses, e por outro lado destaca a importância deste. Sem dizer-lhe é como se propusesse uma prática de relaxamento. Logo, não atua sobre o corpo como uma técnica corporal.

Posteriormente a ele, outros autores, alguns deles já mencionados nas páginas anteriores, como Melanie Klein, incorpora o jogo e o corpo na análise de crianças. Winnicott ressalta a importância do jogo e Reich investiga sobre as couraças neuromusculares, a energia orgônica e outros enfoques acerca do corpo. Dolto define a especificidade da imagem inconsciente do corpo. Outros desenvolvimentos têm a ver com a análise dos pacientes fronteiriços, as patologias do narcisismo, a importância dada ao grupo e ao vínculo, Moreno, por exemplo, define uma particular modalidade de trabalho com a cena e cria o Psicodrama.

Essas aberturas recuperam e fundam campos da psicanálise e da psicoterapia, e interrogam aspectos que limitam suas possibilidades de evolução e transformação.

Nossas descobertas são heranças desses passeios prévios.

Mapa em um Grupo Terapêutico

Os Mapas num grupo terapêutico geralmente são propostos depois de momentos de relaxamento e conscientização do corpo. Isto implica numa preparação da percepção, da sensibilidade com a atitude corporal. Podem incluir desenhos, dramatizações com ou sem máscaras, comentários e interpretações. Alguns destes mapas são descrições para continuação.

Ao começar uma sessão, Pedro relata ao grupo estar muito estressado, com sensações de alterações da pressão sanguínea, não sabendo se deve ir a um médico.

A partir de suas palavras se propõe um relaxamento e um trabalho imaginário sobre a relação do corpo com o mundo externo, interno e a possibilidade de que associem diferentes partes de seu corpo com lugares geográficos.

Entrego um papel de cenografia que lhes permite, dentro do mesmo espaço, um lugar para cada paciente realizar seu mapa.

Pedro faz um desenho carregado de símbolos, no qual inclui vários relógios, almanaques, correntes, uma bola etc. Se destaca a representação do tempo, uma angustia intensa pelos pais e diz que faz tempo que não vê a mãe. A angustia pela mãe, diz, *é a angustia verdadeira*. Expressa o corpo "afetado" no papel e no montante de símbolos. Este desenho do Mapa revela aspectos significativos de seu momento existencial. Permitiu a ele sair da sensação de stress com o qual viera à sessão como situação inespecífica e encontrar um relato no qual estão incluídos, especialmente confirmados pelas suas associações posteriores, a relação entre seu tempo e o tempo de seus pais, representados pelos símbolos do Mapa.

Maria faz uma dançarina, comenta que se afastou da consigna dada, já que o desenho se expande para além de seu lugar definido previamente, pois saiu do pacto da história da família e seu papel atribuído, no qual não estava o poder conectar-se com o prazer do baile, e se afastou também do pacto com seu marido. No desenho não diferencia a cabeça do resto do corpo, não tem pescoço, é o não ar frente ao ar da dançarina, "luta" consigo na situação transferencial do grupo, como modo de lutar com os pactos familiares.

Juan faz dois desenhos, o primeiro não expressa suas dificuldades comunicacionais e seus transtornos alérgicos. Porque se detém na não expressão? Quando lhe sugiro a possibilidade de se expressar no papel o que lhe incomoda, constrói um segundo Mapa. Qual o significado do primeiro e do segundo Mapa? Poderiam se relacionar como as camadas da cebola que se referia Freud, quanto ao modo de entrar, de manifestar a estrutura psíquica e a estratigrafia a que fizermos referência previamente.

Antonio realiza seu Mapa sem preparação previa e se desenha quando estava "dentro da barriga da mãe".

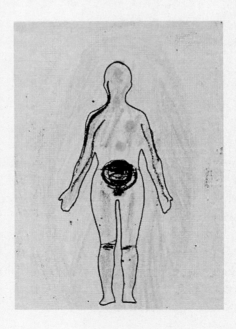

Parece um Mapa bem sucedido, demasiado expressivo. Ele vive em estado de regressão como se lhe faltasse defesas. De outro lado, Matilde faz um Mapa defensivo com pouca expressão no qual ressalta zonas doloridas de seu corpo pintadas de uma mesma cor, como os mapas anatômicos aos que nos referimos previamente. Logo ela comenta que é a cor preferida de seu pai.

Mais adiante fomos observando e comentando os Mapas impressos no papel cenográfico como memória e testemunho dessa sessão.

Esses Mapas constituem um mapeamento do vínculo, conformado pelo **subconjunto** de cada um dos integrantes e pelo **conjunto** formado pelo grupo como um todo. O papel cenográfico que contém todos os mapas é testemunho das intensidades relacionais próprias deste grupo.

Algumas das peculiaridades que se deram na situação grupal têm a ver com a relação cena-protocena, com a estrutura do psiquismo, e com os conceitos sobre a sociometria (Moreno) e com o aparato psíquico grupal (Kaës).

Na estrutura da vincularidade se ressalta a função da cena como organizadora do psiquismo e da realidade; nossa práxis destaca a inclusão da **protocena que revela aspectos arcaicos do psiquismo. O Mapa da vincularidade, então, se sustenta em diferentes graus de organização e contém a triplicidade corpo-mundo-psiquismo.**

O sonho de Juan

Após a sessão grupal descrita, Juan conta um sonho em que caminha pela rua num dia de chuva, se molha, escorrega, cai na calçada e chora desconsoladamente. Neste segundo Mapa que havia desenhado na sessão anterior, que foi comentado no grupo, ele não encontrou palavras para expressar a diferença entre este e o primeiro, salvo a cor, o ultimo era cinza. Nesta sessão o primeiro que menciona ao chegar é o sonho que associou com o desenho da figura cinza, tema que deu lugar a seu *"temor em patinar".* O desenho é homólogo ao sonho e permite encontrar, então, associações, restos diurnos, metáforas e metonímias, relatos.

Os sonhos são Mapas em que está incluída a reconstrução, quer dizer, as escalas, os níveis de altura e de profundidade, as significações; qualquer manifestação do sujeito tem em si a estrutura do Mapa. Por quê?

Porque estão constituídos pela tríplice já mencionada, porque é simultaneamente magma sem estruturação e estrutura, é a polaridade do Dionísio e do Apolíneo da qual falava Nietzsche.

São as zonas conhecidas e as abissais, também o umbigo do sono, ou seja, o impossível, possível de conhecer.

O enigma de Octavio

O mapa é um enigma e necessita de outro, um interlocutor, que ressoe com este enigma inconsciente. Aborde uma pergunta que outro deve dar-lhe letra e abrir a uma resposta ou a outra pergunta.

Quando Édipo pergunta sobre o culpado da peste em Tebas, Tirésias, cego e de dupla sexualidade, lhe diz que ele matou seu pai e teve núpcias e filhos com sua mãe. O Mapa havia sido previsto pelo Oráculo de Delfos, e ainda que Édipo tente evita-lo, as forças do destino o levam a cumprir com o desígnio. Não se pode deixar isso para trás: esta é a estrutura da tragédia.

Porque entender a profecia como um Mapa? Neste caso o Mapa define o futuro de um sujeito.

No Mapa Fantasmático Corporal de um paciente está escrito seu futuro? Como diria Lacan, não é uma adivinhação, um enigma, pois define as condições de possibilidade dos acontecimentos de um sujeito, não na ordem da profecia, e sim das probabilidades. Dado que no Mapa se condensam as estruturas da contemporaneidade, do geracional e do transgeracional. É uma condensação da memória de um sujeito. Por exemplo, o Mapa da família permite dar uma sinopse da estrutura familiar.

Otavio se comunica por telefone de uma cidade do interior do país, sete anos depois de haver realizado um Mapa Fantasmático Corporal numa oficina de um Congresso de Psicoterapia. Na oficina tinham ao redor de setenta pessoas. O objetivo era que cada participante refletisse sua imagem corporal no Mapa. Olhando aleatoriamente o Mapa de Otavio, chama a atenção em sua representação uma mancha na cintura que havia marcado com intensidade de forma e cor. Diante da pergunta se havia dor no lugar, respondeu que não. Em sua chamada telefônica, explica que quando voltou a sua cidade, diante o assombro que a mancha "em seu corpo" havia despertado na oficina, se consulta e realiza um exame clínico no mesmo local do corpo, e descobrem um câncer no rim. O motivo da chamada era para agradecer que se havia detectado a tempo e que não teve consequências maiores.

Foi uma profecia ou uma pergunta? Despertou um alerta que o levou a um diagnóstico e a um tratamento adequado.

CAPITULO 6

CLÍNICAS EM MAPAS

Procuramos nestes parágrafos fazer menção as diferentes clínicas que se fazem presente ao redor da problemática do Mapa, mas não propomos uma descrição exaustiva.

Os desenvolvimentos sobre o Mapa tomam em conta uma práxis que atravessa a clínica psicanalítica, corporal, da cena, clínica da criatividade e expressividade, da arte e das máscaras, como teorias e práticas especificas e suas inter-relações.

A – Clínica Psicanalítica

Clínica da contemporaneidade que faz assumir os vazios não somente da existência, mas também de subsistência e das possibilidades de simbolização. O apelo ao triplo corpo, psique, mundo, tem múltiplas razões, uma delas é sua inter-relação e determinação mútua, outra é que podem dar conta de aspectos destes vazios e circunda-los.

A imagem do Mapa não é um objeto fixo e imutável, e sim que se transforma com o tempo, com o olhar, a relação com os fragmentos e com o todo, os afetos e a significação, a inter-relação com os outros.

B – Clínica Corporal

É aquela que toma em conta o consciente e inconsciente do corpo e acompanha sua fenomenologia em particularidade de sintomatologias específicas do campo da corporeidade, desde a dor, tensões, couraças, rupturas, respirações, até a carta fantasmática e energética. Corpo com e sem palavras, do simbólico ao psicossomático, da neurose e da psicose. Trata dos níveis de organização, relação com esquema corporal, imagem corporal, vincularidade e Mapa.

C – Clínica da Cena

O mundo é um grande teatro e os homens e mulheres são atores.
(Shakespeare)

Shakespeare é contundente, o ser está em cena e nesta clínica se trata de dar conta das cenas e protocenas para referir-se as suas diacronia e sincronia, já que ao se realizar a passagem da cena particular de um sujeito, o transito está imerso e marcado pela globalização, as impressões da sociedade, do espetáculo (Debord) que ressalta a primazia do fetichismo da mercadoria e seus correlatos: a primazia do narcisismo que implica a destruição das redes (sociais, simbólicas e imaginárias), daí que a fenomenologia da cena é substancialmente diferente de outros momentos históricos sociais.

A supremacia da vida como cenário, faz com que a cena adquira uma preponderância tal, que o trabalho com o Mapa se hierarquize na dimensão dos territórios que engloba.

D - Clínica da Criatividade e Expressividade

O Mapa é continente de diferentes modalidades de criação e expressão. Esta clínica tenta dar significação e palavra àquilo que parece não as ter, campos de vazio, em que são validadas inclusive aquelas categorias da Poética de Aristóteles. As análises da tragédia, a catarses, a mimesis, a *poiesis*, a peripécia, a *hybris*, entendida como desmesura, a relação forma-conteúdo, a passagem por meio de vários códigos, expressivos, lúdicos, rítmicos etc. Esta clínica dá continuidade e relevância ao criativo e expressivo como fundante e constituinte do humano.

E - Clínica e Prática da Arte

A obra de arte faz o Mapa, territorializa estéticas e, por sua vez, o Mapa desconstrói em múltiplas intensidades próprias da obra de arte e do processo criativo. Faz-se presente essa triplicidade que nos referimos. A arte não tanto como disparador expressivo, mas especialmente como potência perceptivo-sensível e estruturante de estéticas próprias.

F - Clinica de Máscaras

O Mapa como Máscara, semblante do real e do ser, no sentido de ocultar e revelar, do duplo, do múltiplo e do único, de luz e sombra, manifesta a junção entre a história, a experiência, o imprevisível e o mítico.

CAPÍTULO 7

CENA. PROTOCENA. IMAGEM. MAPA

Nas páginas anteriores temos nos referido à Psicanálise do Mapa, às imagens inconscientes do corpo, e continuamos esses desenvolvimentos com as temáticas: Protocena[63], Cena e Mapa.

As camadas de imagens do corpo (imagem de base, funcional, erógena e imagem dinâmica) correspondem-se com as protocenas das quais as cenas teriam um grau maior de estruturação e se relacionaria com a imagem dinâmica.

A imagem inconsciente é intermediária entre a pulsão e a representação, assim como o gesto é ponte entre o corpo e a cena; é sem dúvida que todo o aparelho psíquico está reproduzido nestas e noutras inter-relações.

Nos parágrafos seguintes estabelecemos vinculações entre a **protocena, a cena, a imagem inconsciente do corpo e o Mapa Fantasmático Corporal.**

Os conceitos sobre a cena partem de uma prática cênica provenientes de diversas áreas que levam a um enriquecimento do particular com o universal. Nos referimos aos campos artísticos, expressivos, corporais, terapêuticos, entre outros.

Diferenças entre Protocena e Cena

As cenas podem ter diferentes origens e graus de estruturas. Podemos denomina-las em relação a conceituação de Piera Aulagnier: originais, primárias e secundárias.

As cenas são aquelas em que é possível diferenciar: conflitos, papéis, protagonistas, texto, desenvolvimento da ação dramática e cenário, deixam rastros no Mapa como modos de metabolização que têm a psique para enfrentar-se com "o outro" e que devem ser incorporados ou expulsados. Esses rastros, como os rastros de antigas civilizações, são restos ativos que cada um de nós possuem em seu interior e que o Mapa não deixa de revelar.

---

[63] O conceito de protocena e sua relação com cena e imagem é um desenvolvimento específico da investigação de Mario Buchbinder desde o conceitual até a sua prática psicanalítica e psicodramática.

Protocenas são aquelas em que há um corpo parcial ou fragmentado, com lógicas de seu desenvolvimento cênico que têm a ver com a lógica do processo primário, por exemplo, um objeto pode ser de uma maneira e ao mesmo tempo ser o seu oposto: homem-mulher, vivo-morto, ator-espectador etc., e por sua vez, estabelecem uma relação particular entre a palavra, os objetos e o corpo.

As protocenas, dada as particularidades de suas estruturas, nem sempre são reconhecidas em seu caráter cênico. Requerem, para sua interpretação, explicitá-las, reconstruí-las e pautar um código discursivo, devido ao grau de condensação fantasmática se distanciam da lógica secundária, idéica, correspondem mais à lógica dos sonhos; assemelham-se ao modelo do pictograma. Na reconstrução é indispensável o aporte dos protagonistas uma vez que as protocenas costumam ser flashes de situações, com desníveis nos conteúdos emocionais e diferentes percepções que despertam em cada um.

Territórios da Protocena

A protocena habita os vacilos, a hesitação da existência, o imponderável do conflito da cotidianidade, o imprevisível dos sintomas nos quadros psicopatológicos.

A protocena "busca" a repetição interminável ou a elaboração e a passagem a ser cena com a inclusão de um relato discursivo ou o encontro com outro território no qual obtém-se sentidos. A protocena é a vestimenta da pulsão.

O Mapa Fantasmático Corporal é o território no qual a protocena e a cena convivem na heterogeneidade, homóloga à vida. É seu lugar de representação e a possibilidade de sua elaboração. O Mapa concretiza a dialética que se dá entre a protocena e cena, gesto, máscara, objetos, som, imagem, palavra, desenho, movimento.

A construção do Mapa, sua representação já é um modo de elaboração da "coisa em si", entendida no fogo interno entre o cognoscível e o incognoscível. O equivalente de uma protocena é uma interjeição, uma frase solta, um traço num papel, uma mancha etc. É dizer, que as formas de expressão ou de apresentação são variadas. Ter presente a protocena e seus graus de estruturação e expressão permite uma leitura que se aproxime da elaboração secundária e que pode dar conta do original e do primário.

A concretização desta dialética relaciona-se com os denominados mapas multidimensionais.

Protocena e Imagem Inconsciente do Corpo

Por que incorporar o conceito de protocena? Há fragmentos na relação entre a cena e o Mapa, entre o corpo e a linguagem, que exigem uma denominação. Esses fragmentos são homólogos aos objetos beta de Bion, as partes do corpo fragmentado de Lacan, aos objetos da semiótica de Kristeva. A cena é a protocena como o espelho é o corpo fragmentado. Daí que as protocenas dariam conta de aspectos arcaicos, no sentido da ontogenia.

Pode-se correlacionar este enunciado numa equação:

$$\frac{\text{Cena}}{\text{Protocena}} = \frac{\text{Imagem do corpo}}{\text{Corpo fragmentado}}$$

O ato de manter, de dar espaço à protocena brinda possibilidades, gera condições para encontrar na representação modos de elaboração que o sujeito não tenha encontrado em sua história. A partir de que caminhos? Um deles é a combinação entre a representação e a interpretação em situação de transferência. Outro é aquilo que não pode ter palavra nas relações primordiais ou nas situações traumáticas em geral e pode ser ressignificado desde o *holding* (contenção).

Podemos pensar que existem correlações entre cada uma das protocenas e a imagem inconsciente do corpo, no sentido que a protocena põe em ato o Mapa Fantasmático Corporal aspectos da Imagem Inconsciente do Corpo.

A manifestação da protocena é representação parcial da cena dramática, é a busca desejante da palavra para ser elaborada e ultrapassada. Daí a importância que adquire o deixar fluir a cena e a combinação entre escuta e interpretação. A escuta gera condição para a *poiesis,* a interpretação da palavra para o que não tem e o fluir da cena abre o diálogo com os personagens.

Figuras da Protocena

Ao gesto que realiza o recém-nascido, se poderia pensar como protocena; a mãe interpreta-o com palavras ou com outros gestos e o inclui em uma cena. Se a mãe não interpreta o bebê, a protocena fica sem sentido; se é ressignificada no conjunto familiar e se constrói outra cena, por exemplo, quando alguém diz: *faz o mesmo gesto que o pai,* dá a ele filiação.

Num grupo, quando alguém emite um gesto verbal ou corporal, a ressignificação pode ser construída por outros integrantes.

Em uma sessão individual, um movimento sem sentido ou uma palavra (que é um gesto) é a protocena que se ressignifica no fluir da sessão e no diálogo analista-analisando que constroem em conjunto uma cena.

As protocenas são o modo em que se definem as partículas do corpo fragmentado. Por exemplo, tendo em conta a protocena na situação pós--traumática gera condições para sua melhor elaboração. No desenho do Mapa, um traço de uma cor determinada pode ser protocena em relação a uma cena mais ampla. Cena jogada dramaticamente ou na totalidade do desenho.

Na arte, na pintura, um traço é definitório como protocena, indicador ou desmascarador da totalidade da composição. Picasso, em sua obra *Guernica*, configura cenas a partir das intensidades das protocenas.

Em nosso país, o surgimento da "nova figuração" na pintura constitui um retrabalho da figura humana a partir dos fragmentos do corpo e do contexto histórico social que dão lugar a uma nova estética, a um novo modo de construção da cena.

Se o observamos na música contemporânea, esta incorpora protocenas sonoras que podem integrar-se em outras harmonias.

Um autor como Becket, maestro da cena do fragmento, "corta" o corpo de um protagonista como totalidade significante para destacar seu tronco ou sua cabeça, não só instala uma visão cênica diferente a partir da fragmentação do corpo, mas inaugura outra estética teatral.

Entre protocena e improvisação costumam estabelecer-se paralelismos que denotam a vertiginosidade, a espontaneidade, a atitude lúdica que com frequência ocorre na produção de ambas.

A improvisação pode estar coberta de protocenas e ser o fragmento, o "lapsus", "o corte" na aparente linearidade da ação, aquilo que pode definir o desenvolvimento de uma cena. A improvisação pode ter a dinâmica da cena clássica em que a ação como uma textualidade "completa" integra todas suas partes, constituindo um todo comunicacional. Protocena e improvisação constituem hermenêuticas diferentes e complementares.

Desenho e Verdade Eterna

O desenho do Mapa por um lado, chega à expressão de subjetividade individual ou coletiva, e por outro lado, na multiplicidade de desenhos que há em um Mapa, alguns deles ou seu conjunto levam a "verdade eterna" que se relaciona com o momento da sublimação.

Badiou compara os cavalos desenhados nas covas de Chauvet, que correspondem ao período pré-histórico, há aproximadamente 35 mil anos, com os cavalos que desenha Picasso no século 20. Assinala as diferenças, porém acentua o comum desses cavalos e descreve uma verdade eterna que emerge. Diz: *"Não é em absoluto a vertente da Ideia no sensível, mas a criação sensível da Ideia"*[64]. Podemos dizer que o Mapa não é uma versão sensível da Ideia, mas que ascende a Ideia pelo modo sensível.

Dramática da Vida. Enquadramento da Dramática

> *Falar é adotar uma posição no plano virtual da expressão e este é o mapa das situações dramáticas que correspondem ao papel de que disse ao relatar sua parte. É dentro desse mapa que é posto em cena o sujeito da palavra.*[65]
> (Guillermo Macci)

A dramática do mapa dá figurabilidade aos dinamismos presentes nela. Não pode ser de outro modo já que nele se encontram em diferentes instâncias.

Mencionamos o adentro e o afora, o mundo externo e o interno, as diferenças de intensidades, linguagens, sonoridades, significações etc. Um modo de organizar esta complexidade é pensar nela como uma dramática na qual estão incluídos os conflitos, os personagens, os textos, as espacialidades etc. A dramática implica em colocar em ato uma cena de diferentes maneiras: em um cenário tradicional, em uma cena psicodramática, no diálogo entre várias pessoas, nas diferentes colorações, tonalidades. Como destaca Macci: "É dentro desse mapa que é colocado em cena o sujeito da palavra."

Se realizam pela colocação em ato consciente ou não de cenas, pela interação com os outros personagens, a relação com o olhar do público, especialmente pela repetição de situações ou ações congeladas ou detidas no aparelho psíquico.

---

[64] BANDIOU, A. *Lógica de los mundos, el ser y el acontecimiento 2.* Buenos Aires: Manantial, 2008.

[65] MACI, G. *El ojo y la escena. Dramatología:* Semiótica de la escena. Buenos Aires: Camacú, 1999.

Pôr em ato cenas do cotidiano, implica configurar uma dramática, poderia menciona-la como a dramática da vida, e por sua vez nos referiríamos à colocação em ato de cenas que fazem alusão a um enquadre particular que constitui também uma dramática da cena; este enquadre pode ser psicanalítico, psicoterapêutico, teatral, expressivo, psicodramático, corporal ou lúdico.

A dramática implica o olhar de outro que pode ser um personagem real ou imaginário e um público.

Que lugar tem a plateia, o público e o privado nestas dramáticas do mapa? O público se entende aqui com uma função ativa e determinante no acontecer da vida. O público está relacionado com a importância do sociocultural, o objeto, o Outro de Lacan.

Na cotidianidade se observa confusão entre a plateia, o público e o privado, com o *cyber* espaço, ou a influência intensa dos meios de comunicação; a dramática adquire dificuldades complexas de diferenciação, às vezes irresolúveis. A vida privada costuma se prostituir submergida na competência pelo ranking, por quem dá mais e na perda do protagonismo frente ao mercado.

Diferentemente, no trabalho sobre a cena dramática no psicodrama, no teatro, ou em outros espaços representacionais, se busca no público o olhar dos outros, não carente da privacidade, mas pelo contrário, que amplifique as ressonâncias de quem "atua e de quem observa".

No espaço teatral, o público resulta determinante não somente em suas eleições e valorizações da colocação, mas no espírito da obra e na disposição dos atores. O ator mostra a intimidade do personagem cobrindo, descobrindo e preservando a própria intimidade no enquadre da obra.

Na especificidade de enquadres terapêuticos, na sessão de psicanálise individual, por exemplo, essa intimidade requer a reformulação do público e o impacto da contemporaneidade como marca na singularidade, o que leva a um permanente repensar da dramática social na dramática individual. Na psicanálise comunitária a intensidade do público se entrelaça e recria com a singularidade. Fernando Ulloa o mencionava como a "numerosidade social".

No Mapa o público é o outro o que dá consistência, que se apresenta ao diálogo, que permite sair do confinamento, ultrapassar o narcisismo, que joga uma função imprescindível na consistência do Mapa. Este que se constrói com a presença e influência do outro.

Assim como em algumas instalações artísticas, se observa que a privacidade é o repensar dinâmico e muitas vezes motor do ato criativo. Por isto, é frequente que em instalações artísticas coletivas confluam a plateia, o privado, e o público. A construção do Mapa é, então, um ritual que tenta diferenciar estas três instâncias frente as pressões da pós-modernidade que o mercantiliza.

Portos do Mapa

> *Em todos os portos do mundo há vagabundos como eu que aparecem em um espanto distante, o coração, como um barquinho na mão. Existe uma rua, larga bebedeira pedaços de noite dispersada e quando chega a alvorada vermelha e com seu clarão revela pássaros alucinados, em todos os portos do mundo há alguém que está esperando.*
> *(Raúl González Tuñón)*

A que porto levará o Mapa Fantasmático Corporal? Será uma imaginação sem nenhuma ancoragem, nenhuma certeza na realidade? Presente e futuro assegurados ou perdidos no universo do desconhecimento? Nem um, nem outro. O Mapa constrói itinerários de um saber que se constitui em ato na relação com o outro, presença na vincularidade, e que se simboliza em relação transferencial na situação individual, grupal e social. Se trata da geração de verdade de uma leitura compartilhada que requer bússolas, mapas em uma poética.

Retomamos a citação de Leonardo Da Vinci citada anteriormente: "*Os antigos chamavam ao homem um mundo em miniatura, e em verdade que este nome está bem implementado, porque o homem se compõe de terra, água, ar e fogo igual ao corpo da terra. Se o homem tem ossos, que são a sustentação e a armadura da carne, o mundo tem rochas, que são a sustentação da terra; se o homem tem nele o mar de sangue, em que os pulmões sobem e descem ao respirar, o corpo da terra tem seu mar oceano, que também sobe e desce a cada seis horas para que o mundo respire. Se do dito mar de sangue nascem veias que vão se ramificando por todo o corpo humano, também o mar oceano preenche o corpo da terra de infinitas veias de água*". A utopia renascentista recupera a cultura clássica e intui que o todo e o corpo não estão desligados da terra, mas entrelaçados com o mundo.

O mundo contém a virtualidade do fantasma, virtualidade que se encontra no próprio corpo ou psiquismo, ou que está por fora dele, na materialidade de outro corpo ou nas diversas geografias que cintilam a conceitualização de Leonardo. Sem negar o impossível, a fragmentação e o vazio, se trata de gerar um pensar e um fazer, pendente neste começo de século 21, como utopias imprescindíveis que deem norte a figurações de um novo universo.

Estando em um mundo, o "Daisen é jogado la" ou "ele está aí" segundo a famosa definição de Heidegger, sobre o ser no mundo.

Nancy comenta que é verdade que as coisas rapidamente se tornam complexas: o "aí" mesmo não está simplesmente aí, não está aí como um ponto geométrico, uma interseção ou uma indicação em uma carta geográfica. O "aí" mesmo só está feito de abertura e exposição.

"Ser no mundo", disse Merleau Ponty, "é porque o mundo vem sem cessar assaltar e investir a subjetividade como as ondas rodeiam alguns restos na praia".

O mundo é Amplo e Estranho[66]

Os tempos históricos sociais e culturais, com a conquista e unificação dos mercados ao nível mundial e a idealização da mercadoria, realizam um corpo como mais um objeto, que estala a galope das novas tecnologias e se derruba em pedaços de corpos na intenção de afirmar um suposto progresso na totalização do humano.

A recuperação dos relatos e de um novo humanismo brindaria a possibilidade de encontrar outras verdades, ideias e corpos unidos à psique e ao mundo.

O trabalho do Mapa ausculta os fragmentos, os pequenos gestos, a protocena e são articulados na construção de mundo.

O trabalho do mapa como parte dos projetos de reconstrução (do humano) se inscreve na interseção do humano e do desumano que tem a ver com a complexidade do máximo de suas potencialidades criativas no marco dos desenvolvimentos da técnica, ou com esses momentos da infância em que outras plenitudes convivem como possibilidade, em que a subjetividade está aberta a outras perspectivas.

A construção do Mapa como faculdade poética, como criação, leva a um novo posicionamento subjetivo.

Este novo humanismo se constrói na privacidade das práticas reparadoras, na busca de novos e velhos relatos, na obstinação pela ação e a verdade, na intuição desses portos conhecidos, desconhecidos, na ética do reconhecimento da cena e do outro.

---

[66] ALEGRIA, C. *El mundo es ancho y ajeno.*

CAPÍTULO 8

NOVE AUTORES. SEUS PASSEIOS

Claudio Mangifesta
Ana Maria Cassinelli
Ana Maria Brasburg/ Valeria Uhart
Estela Arona
Carlos Trosnan
Luis Alberto Stoppiello
Monica Groisman
Patricia Mercado

A problemática do corpo na contemporaneidade tem a marca dos cataclismos sociais, os períodos de repressão. O mundo leva a pressão da mercadoria, da tecnologia, da virtualidade, das migrações, dos desastres naturais, sociais e ecológicos. Junto a isto, a criação e a busca de sentido.

As linhas de investigação aqui apresentadas buscam elucidar aquilo que o corpo condensa, daí a heterogeneidade, a confluência de teorias, práticas e profissões. A subjetividade não é propriedade de uma só disciplina.

Estes artigos permeiam a descrição do fenômeno, a problemática educativa e hospitalar, os efeitos da ditadura e os desaparecidos, o mapa institucional, os exemplos de implementação extensiva aos mapas do país. A relação entre mapas e outras abordagens representacionais são outros Mapas do corpo.

POESIA VISUAL: CORPOREIDADE E CRIAÇÃO

Claudio Mangifesta[67]

I. O jogo do Corpo como alfabeto

As linguagens artísticas contemporâneas se apresentam diante do nosso olhar como uma grande pluralidade não isenta de profundas inter-relações. Campo aberto, dinâmico, transformador: a aparição de novas formas de fazer e entender a arte, nos espaços que gestam a partir da ruptura das fronteiras entre disciplinas ou gêneros artísticos, exige, às vezes, inventar novas denominações, já que as anteriores não alcançam para aproximarmos a uma definição pertinente do objeto que se aborda.

A Poesia Visual e Experimental se apresenta assim como um gênero discursivo-icônico que conjuga, portanto, elementos que provêm do campo literário com outros que se nutrem do campo plástico. É, por certo, uma forma de "saber fazer" dentro de um novo conceito de arte — se bem que se reconhecem antecedentes desde a antiguidade — a partir do qual se diluem as fronteiras entre as práticas artísticas. Limite de leveza, pluralidade de formas, experimentação, transdisciplinaridade, a busca de cumplicidade do espectador, a potencialidade de leituras múltiplas das obras, são algumas de suas características.

Jorge Perednik detém a tese de que toda uma tradição da poesia visual e experimental coexistiu — desde sempre e através dos tempos — em forma simultânea ou paralela a uma tradição principal dominante, sendo muitas vezes reprimida por esta. Contudo, elementos de espacialidade, simultaneidade, tendência a quebrar a sucessividade escritural etc., poderíamos dizer que se anunciam em germe ainda nos modos mais tradicionais de composição do poema. Nos interessa indagar, neste marco, algumas das

---

[67] Claudio Omar Mangifesta, psicanalista e escritor, publicou as seguintes obras: *Psicanálisis e Creatividad* (ensaios, 1995), *A Mirada en el Umbral* (ensaios, 1998), *La Ventana Infinita* (relato, 1999), *El Trazo Incesante* (ensaios, 2004), *Los Tatuajes Invisibles* (ensaios, 2004), e de aparência eminente: *La Letra en Juego* (editora Letra viva, ensaios, 2010). Apresentou seminários em universidades e em distintas instituições públicas e privadas. Como poeta visual, realizou numerosas exposições. Recebeu vários prêmios, entre eles: Prêmio Kilme de honra (categoria de criatividade, 1995) e recentemente o prêmio Clamor Brezka (2008) como revelação em poesia visual.

diferentes formas e orientações que assume a poesia experimental, atento para implantação de suas possibilidades tanto nos campos expressivos de formação, ou terapêutico.

Diante de tudo isso, é necessário clarear que na poesia visual — que não é um poema ilustrado — os valores visuais são parte dos mecanismos próprios da linguagem; é, portanto, um em si mesma poética, uma entidade que pode, por sua vez, ser icônica e linguística. Um aspecto fundamental frente a um poema visual, é que aparece uma ideia ou mensagem que é oferecida a captação visual do espectador em que prevalece, entre outros elementos, o sentido da espacialidade. O poema visual pode evocar o humor, a ironia, a sutileza poética, a crítica social, o mistério, o paradoxo etc., trabalhando inclusive em outras oportunidades com seu aspecto fônico. Em sua construção, pode-se utilizar todo tipo de recursos e suportes: tipográficos, caligráficos, fotográficos, eletrônicos etc.

"O poético" já não se circunscreve exclusivamente no terreno da palavra, mas, abarca inumeráveis objetos, se amplia a outros meios: uma colagem, um pôster, a fotografia, os objetos, as performances etc. Existe, portanto, uma extensão do conceito do poético, enquanto trabalho com a materialidade da linguagem, com suas dobras e virtualidades. O poema pode prescindir do verso para concentrar-se na materialidade de outros elementos (letras, espaço, tipografia, imagens) que antes podiam aparecer como elementos secundários. Joan Brossa, poeta catalão, costumava dizer que o poema visual é aquele que também se podia escrever — de um modo tradicional, claro! Se trata de poéticas que abarcam toda uma ampla série de procedimentos que vão desde os que são estritamente linguísticos escriturais à forma de criação plástica ou visuais cujos elementos podem funcionar como semânticas ou referências metafóricas poéticas.

Otavio Paz, que os chama de poemas-objeto, escreveu: *"No poema-objeto a poesia não opera unicamente como ponte, mas, também como explosivos. Arrancado de seu contexto, os objetos se desviam de seus usos e de sua significação. Oscilam entre o que são e o que significaram. Não são já objetos e tampouco são inteiramente signos. Então, quem são? São coisas mudas que falam. Vê-las é ouvi-las? Que dizem? Dizem adivinhações, enigmas. De repente esses enigmas se entreabrem e deixam escapar, como a crisálida para a borboleta, revelações instantâneas".*

II. Alguns antecedentes históricos

Já os poetas alexandrinos, por meio da *technopaegnia*, viram a possibilidade de trabalhar um poema com determinada forma visual. Se atribuiu a Teócrito de Siracusa (308- 240 a.C.) uma composição intitulada *A Seringa*, que tem a forma de instrumento musical. Também são conhecidos os trabalhos de Simias de Rodas (por volta de 330 a.C.), quem escreveu poemas com formas de um machado de dois gumes; outro poema com a forma de um ovo; e um terceiro com um par de asas. Os latinos se somaram a estas "aventuras" escriturais com os tradicionais *carmina figurata* (cantos com formas de figuras), os acrósticos, lipogramas, labirintos de letras, anagramas etc. Outras culturas, como os árabes ou os hebreus, diante a proibição religiosa de representar certas imagens sagradas, desenvolveram estratégias de figuração similares. Já na idade média, continua toda esta tradição, mostrando predileção por jogos esotéricos, as fórmulas ou quadrados mágicos, os labirintos literários. Publio Porfirio (por volta de 324 d.C.) escreveu numerosos poemas figurativos, assim como Rabano Mauro e outros autores. Na época renascentista, os emblemas continuam a ser desenvolvidos: penta-acróstico, poemas concordados, poemas numéricos, caligramas. Rabelais, em sua *Gargantua e Pentagruel,* apresenta um hino báquico em forma de garrafa. Mas próximo de nós, Lewis Carroll introduziu em *Alicia* um texto com a forma de uma cauda de um rato.

É a partir de Mallarmé e seu poema *Um Golpe de Dados Jamais Abolirá o Azar,* que muitos autores situam um giro importante nesta história. Por efeito, com Mallarmé (que é influenciado pelos avanços tecnológicos de sua época: cartazes, publicidade, layout etc.) a poesia aparece como constelação espacial de palavras. Neste trabalho, se destaca pela primeira vez com atenção, a importância do uso do espaço em branco da folha e da disposição e formas dos caracteres tipográficos, quer dizer, da materialidade significante destes elementos em função das necessidades expressivas do poema e do desenvolvimento de planos ou trajetos de leituras simultâneas. Para Mallarmé, não se trata de pedaços de sons regulares ou versos, "mas sim de subdivisões prismáticas da ideia" em uma encenação que resulta a seu modo, em uma partitura. Ademais, em seu livro-poema não existe página par ou ímpar, de forma que a leitura se realiza sobre as duas páginas de uma vez só. Se inaugura assim todo um campo de investigações poéticas em que adquirem relevância as complexas relações entre palavra e imagem, entre o textual e o icônico.

A partir deste momento, a experimentação e investigação se aceleram.

Os futuristas com as noções de: "as palavras em liberdade" e a "imaginação sem fios" praticam uma verdadeira revolução tipográfica, combinando distintas formas tipográficas em uma mesma folha, incluindo, às vezes, várias cores. Com *Palavras em Liberdade* de Marinetti, se intenta a transgressão do código linguístico apontando entre outras coisas, a ruptura da sintaxe, a destruição da gramática, destruir da literatura o "eu", abolir os adjetivos e o advérbio, abolir também os signos de pontuação etc. Os dadaístas aparecem com seus escritos tipográficos e jogos fônicos. Outro dadaísta, Kurt Schwitters, em *A Poesia Consequente*, um texto de 1924, assinala que o material originário da poesia não é a palavra, e sim a letra. *"A poesia abstrata libera as palavras de suas associações e valoriza a palavra como palavra, ao conceito como conceito, porém sem deixar de considerar nunca o som. A poesia consequente se constrói com letras. As letras não são conceitos. As letras em si mesmas não têm sons, somente tem um potencial sonoro que o rapsodista atualizará de tal ou qual modo. A poesia consequente valoriza as letras e suas agrupações no contraste resultante de sua oposição".* Permanece aberto o caminho para o que virá mais adiante como poesia concreta. Citamos também numa rápida lista os caligramas de Apollinaire; as experiências de Vicente Huidobro; E. E. Cummings; Ezra Pound, Dylan Thomas, os que podem ser considerados como antecedentes das tendências indagadas, por igual que o célebre espantalho de nosso Oliverio Girondo.

No Brasil, por volta de 1956/58 os poetas Augusto e Haroldo de Campos e Décio Pignatari lançam seu manifesto sobre a Poesia Concreta, dando por esgotado o ciclo histórico do verso e tomando o espaço gráfico como agente estrutural do poema. Se valoriza o poema concreto como um objeto em si mesmo, e se destaca o ideogramático como método de composição que reúne os elementos diferentes num mesmo espaço "verbivocovisual" citando um termo que Joyce Max Bense disse: *"Se trata de uma poesia que não confere a seus elementos, por exemplo as palavras, nem o sentido semântico e nem o estético, por meio da habitual formação de contextos ordenados linear e gramaticalmente, mas que se inclina para isso em conexões visuais. Portanto, o princípio construtivo original desta classe de poesia não é a sequência de vocábulos na consciência, sim sua coexistência no ato da percepção. A palavra não é empregada primordialmente como suporte intencional de significado, mas também pelo menos, como elemento material de uma composição, contudo, de tal modo que significado e composição se condicionam e se expressam mutuamente".* Desde então, se ampliaram e se desenvolveram numerosas tendências ou linhas de investigação dentro da chamada Poesia Experimental. Nós nomeamos apenas algumas destas direções de desenvolvimento: poesia letrista, poesia fonética, poema-ação, poema-objeto, poesia semiótica, poesia eletrônica, vídeo-poesia, poesia halográfica, net poesia etc.

III. Oficina de Poesia Visual, Sonora e Experimental

A Poesia Visual começa já a ter uma longa história.

Nos interessa, neste trabalho, — compartilhar a coordenação destas atividades com a artista Hilda Paz — indagar, especialmente nos contextos grupais, como funciona a ruptura do espaço e sua concepção; as formas de concebe-lo pelo sujeito; o corpo em relação como os espaços, com os objetos e como o outro; quer dizer, um registro das representações da corporeidade revelados na prática da poesia visual; também, destacar *o poema como um objeto que tem um corpo*; portanto se trata de visualizar a Poesia Visual em sua dupla via de produção criativa e de marca de estilo e como reveladora da fantasmática (mapa) corporal inconsciente de um sujeito.

Alguns passeios singulares nos contextos grupais:

Silvia, no trabalho corporal expressivo, Silvia caminha muito lentamente com o olhar sempre dirigido na direção do piso, inclinando sua cabeça e como arrastando pesadamente seu corpo. Por vezes, consegue sair deste estado quando se encontra com outro, mas rapidamente tende a voltar à mesma situação. Quando representa seu corpo com letras, frequentemente tende a representar uma espécie de letra T ou cruz com os braços abertos em direção aos extremos de seu corpo. Numa escultura escultórica grupal formada pelas letras que encarnam cada participante, se localiza em direção ao fundo do grupo, segurando um pano com as mãos caídas, como uma imagem de *La Pietá*. Essa mesma forma de cruz encontramos em seu poema visual, reelaboração feita sobre os primeiros versos do poema *Vogais* de Rimbaud. Disse assim: *"Resplandecentes/fedores/peludo/espartilho/de/ (em direção a esquerda) moscas/ A, (no centro) / (em direção ao lado direito) golfos/ (em vertical para baixo) de/ em volta/ sombras/ zumbido/cruéis/ negro/que/ de".* Em outro poema visual utilizando o recurso do caligrama, desenhou com palavras uma figura humana alçando seus braços para o céu, construindo sobre a base de um nome "Emanuel" e incorporando pequenas frases como "te quero", "te amo", "saudade de você". Em breve, "Manu, Manu, Emanuel". Nos conta angustiada que perdeu seu filho faz apenas seis meses. Que necessitava dizer e compartilhar. Se a escuta e fornece contenção. Realiza um livro de artista — que é uma nova forma de fazer arte, e não um livro sobre o artista — com acumulação de imagens obscuras e muitas manchas negras; sobre ele imprimiu com um carimbo repetidas vezes a palavra "fracasso". No momento de reflexão final nos agradeceu a possibilidade de ter podido expressar sua angústia e mostrar o que sentia, percebendo que a tarefa tinha a ajudado para isto.

Patrícia caminha durante o trabalho corporal com muito cuidado, também com muita vontade de reproduzir. No poema visual — reelaboração do poema de Rimbaud —, trabalhou sobre um papel queimado adicionando fios marrons que se assemelhavam aos aspectos peludos das moscas e escrevendo sobre si mesma o texto tal como imortalizou o poeta.

Em outro poema visual, superpõe a um texto escrito fragmentos seriais do mesmo, em transparência, com letras de diferentes tamanhos e configurando com eles a imagem de um bebê ou feto. O escrito diz: *"Te tive tão próxima, foste tão meu... Somente eu pude te sentir. Roçaste com teu amor meu ventre, e encheste de ternura todo meu ser. Eu ainda não sentia sua batida, mas achava a minha, em taquicardia, ao pensar em você dentro de mim. Por um louco amor, desses que já não existe, te concebi em mim e perdi a inocência, com teu ser. Tão fugaz que foste, que eterno foi o tempo da despedida; que vazio tão grande deixaste em minha curta vida. Hoje choro tua ausência que causou uma louca consciência... te foste e contigo levaste todos os meus sonhos e ilusões. Hoje estou sem ti, pequeno Angel... tão só e triste".* Nos momentos de verbalizar, Patrícia esclarece que a oficina foi para ela, *"entre o que desejava fazer e o que me permitia o corpo"*; numa palavra: *"reconstruir"*, *"e pode ser outras coisas que o tempo fará que descubra"*.

Marisa, um primeiro poema visual representa sua coluna vertebral, o que aparece desenhada com uma forma muito desviada e com um importante sombreado ao nível das vértebras lombares. Encheu de letras "como se fossem as vértebras" todo o espaço. A letra ocupa o lugar da carga fantasmática. O texto repete, uma e outra vez, a frase *"um Karma para a vida".* Ela disse: *"vejo a radiografia em minha casa e não posso imaginar nem vértebras nem coluna; sempre acredito que estou torcida e fico perguntando aos demais, que não veem (meu problema) até que os digo."* Então conta que foi diagnosticada com "escoliose dorso-lombar"; a partir daí, trabalha-se com ela para esclarecer que muito de seu problema é não somente a dificuldade real biológica e sim a imagem que crê de seu corpo, e sobretudo de si mesma.

Num segundo poema realizado, trabalhou cortando palavras por palavras em diferentes tamanhos, repetindo a frase: *"a luz nos permite ver; mas quanto mais nos aproximamos, menos vemos".* Com elas formou uma lâmpada sobre uma paisagem com elefantes, cujo centro combinou com a imagem da luz do sol "cuja luz não devia estar coberta". A lâmpada atua ao mesmo tempo como imagem-olho e como janela. Primazia do olhar sobre a visão, se trata, nela, de ver algo mais além do véu da própria imagem.

Então construiu uma máscara "metade lua e metade sol" e se perguntou: *"São minhas partes conscientes e inconscientes? O dia e a noite? Um eclipse em que finalmente ambas as partes podem conviver?".* *"Esta máscara me pesa, mas: o que eu pus nela? Já que não eram os materiais com os que havia sido construída o que verdadeiramente pesavam...".* No momento que o grupo construiu um poema-instalação grupal sentiu a necessidade de "ser a primeira", tinha que colocar sua máscara *"como maneira de iluminar ao resto do grupo... e ao ver que apareciam uma e outra e outra, comecei a ver que estavam dispersas e senti então a necessidade de uni-las ao resto. Escrevi num papel a palavra 'unidade' e o incorporei a construção."*

Gustavo, em seu primeiro poema visual, construiu um caligrama com forma de um rim, escrevendo "um tipo de associação livre sobre o órgão" o texto dizia: *"onde estão as perguntas descartáveis que suavizaram as arestas? Se o sagrado confessa: Terei que desafiá-lo? ou terei que aceita-lo como um transtorno pueril? Será que a vida insiste ou serei eu que venho, volto e vou. Destacarei o fragmento para unir o momento".* Então em diferentes trajetos de leituras: *"É terrível, mas" "Era previsível" "Respirar não é ofensivo" "Se for" "Em intimidade".*

Em seu segundo poema, trabalha sobre a frase de uma canção composta por ele mesmo, que diz: *"Nas águas do abismo, nas fúteis esferas, unificou sua alteração. Entendi que não há mistério que não tenha sua resposta na imaginação".* Representa o corpo fragmentado e, por sua vez, a alienação e tensão numa imagem unificada, narcisista, "meio pastiche". Sobre um fundo de folhas, aparece no interior de sua composição uma mulher, e ao lado um pequeno bebê que beija seus seios como que beijando aquelas águas que se refere o mito e atravessado em sua figura por uma adaga ou punhal (símbolo evidente da morte). Do outro lado aparece um robô ou boneco espalhados por toda a parte, as palavras: *"look", "os acessórios criam a personalidade", "unificou", "alteração", "acessórios de maquiagem", "o que imaginas é possível",* reduplicando com as frases as imagens. Impactado pela sequência do trabalho, escreveu a partir do poema-instalação grupal com máscaras, o seguinte relato de evidente tom borgeano:

"Que um grupo de objetos inanimados, do que um punhado de máscaras reunidas por azar, o assombro ou a imaginação, cobrem sua vida uma manhã qualquer, numa universidade qualquer, pode aparecer um detalhe, mas um detalhe impossível.

Como quem encontra um mundo nas páginas de uma biblioteca desordenada, ou menos ainda, nas menores nuances de uma folha escondida numa árvore de Lezama, a viu.

Tomando conta do insondável da memória dos homens, se entregou ao horror multiplicador do espelho. A terra abaixo de seus pés se tornou insegura e como outros, queria ser ninguém para ser alguém.

Se provou outros trajes, vislumbrou outras vidas.

Sonhou, o sonharam. Incrédulo, se disse; 'outros pensaram em mim'.

Errante, com a calma dos que não morrem, se entregou ao cansativo labor de imaginar (de criar) um universo. Nunca soube, nunca li, que um homem é todos os homens, que os gestos se repetem incessantemente, que ele não era.

Num reino sem nome, numa terra sem céu, encontrou sua história.

Não soube decifrar, se quer timidamente, que sempre estive com ele, mesmo no menor sulco que atravessava seu rosto, sua história e a de todos."

IV. Poesia Visual: *entre a imagem e escritura*

RESPLANDECENTES

ODORES

PELUDO

ESPARTILHO

DE

MOSCAS   A,   GOLFOS

DO

EM VOLTA

SOMBRAS

ZUMBIDO

CRUEL

NEGRO

QUE

DE

A cultura tradicional se opôs sistematicamente ao logos e imago, texto e imagem, verbalidade e iconicidade, o analógico e digital, o dizer e o mostrar, o ler e o ver. Nossa época tende a repensar a pergunta pelos limites e também suas possíveis pontes ou articulações. A partir das vanguardas históricas a imagem tende muitas vezes a apresentar-se como texto (leituras da imagem visual). Com a Poesia Visual se redescobre o texto como imagem, a letra como elemento do desenho ou da imagem; pois a letra nos apresenta diante de todo o olhar. Leitura de imagens, leitura textual. Alguns autores gostam de falar de "transportar" de um código ao outro, ou de "transferir" da palavra escrita à imagem ou de um sistema de representação ao outro. Se pode falar verdadeiramente de "confluência" desses sistemas de representações icônicos e linguísticos, ou deveremos aceitar o paradoxo implícito que supõe, por um lado, seguir investigando as relações complexas que, a partir das novas práticas artísticas aqui se inauguram, ao tempo que se aceita a irredutibilidade mesma de um sistema ao outro?

O Poema Visual é um objeto que tem um corpo e poderíamos dizer que, por sua vez, revela múltiplos corpos. A letra impressa, os caracteres tipográficos exibem seu corpo: se apresentam, nos mostram. Há um corpo da Letra, um corpo da palavra; e há assim mesmo, corpos da imagem. Assim, estes poemas convocam nosso olhar, e as vezes também nossa voz. São corpos que se oferecem ao olhar e a leitura. Num jogo de movimentos entre logos e imago, entre imagem e escritura, entre o dizer e o mostrar. Na Poesia Visual, os códigos da leitura articulam a lógica do olhar ou, por acaso, uma maior legibilidade da letra é acompanhada de uma menor visibilidade do pictórico e vice-versa? Ler/olhar exigem assim um maior compromisso e, portanto, uma maior intensidade corporal.

No poema visual, os espaços em branco também emergem e tomam corpo (Mallarmé); assim como o movimento se faz presente. As letras, as palavras, dançam, bailam sobre o espaço aberto ou vazio; se escondem; se fragmentam, se reordenam. Ocultam e revelam, se mascaram e desmascaram. O que? Talvez algo da ordem do fantasmático desse "outro corpo" do sujeito. Corpo pulsional, erógeno, libidinal, corpo marcado pelo desejo e pela castração, a qual Freud articula fazendo estalar o corpo extenso cartesiano, corpo que não se reduz ao organismo já que não termina nos limites da pele. São, então, diferentes dimensões do corpóreo; como diz Lacan *"há um corpo do Imaginário, um corpo do Simbólico (é a língua) e um corpo do Real, do qual não se sabe como sai e que concerne a algo que estaria no interior de cada um"* algo incompreensível, inapreensível. Por meio deste encontro impossível com o Real, os poemas vão então *do corpo da letra para os hieróglifos ou letras cifradas no próprio corpo.* O poema se faz metáfora do corpo e se brinda como contenção e estrutura metafórica para a emergência de uma imagem do corpo antes mascarado. *"A linguagem poética"*, cita Elina Matoso, *"redefine, redimensiona e contextua constantemente a linguagem. Produz o mesmo efeito de desestruturação que a máscara, que por sua vez, reestrutura na metáfora esta outra máscara. Não há possibilidade de ação humana sem máscara, nem linguagem sem metáfora. A metáfora é a máscara da linguagem que a mantém viva num processo contínuo de estruturação e desestruturação de imagens poéticas"*. Possibilitam-se outras aproximações e outros modos de produção de distintas "corporalidades" e como tal, de novas significâncias criadoras.

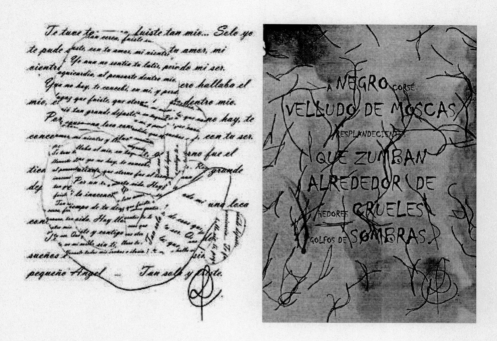

Bibliografia

FREUD, S. *La interpretación de los suenos*, Amorrortu.

LACAN, J. *El seminário XXIV* (inédito).

MANGIFESTA, C. *El trazo incesante*. Cidade: Letra Viva,

MATOSO, E. *El cuerpo, território de la Imagem*. Cidade: Letra Viva,

PEREDNIK, J. *Poesia Concreta*. Buenos Aires: CEAL.

XUL N°10: *Revista de poesía*.

AS PELES MIGRANTES

Ana Maria Cassineli[68]

*O corpo humano pode padecer de muitas mutações, sem deixar por isto
de reter as impressões ou pegadas dos objetos, e por consequência, as
imagens mesmas das coisas
(Baruj Spinoza)[69]*

*[...] porque somente com esse saber invisível dos dedos se poderá alguma
vez pintar a infinita tela dos sonhos [...]
(José Saramago)[70]*

Pele-Genealogia-Mapa Fantasmático Corporal (MFC)

A ideia de narrar esta pratica de lugares diferentes tem sustento na
convicção de que os processos de estudo e/ou investigação que realizam
os profissionais não terminam com as vivências, leitura ou descobrimento
de um tema; mas que implicam um processo contínuo de ensinamento e
aprendizagem, construído na articulação de ambas as experiências. Este
contínuo educativo se plasma como: *"somos o que estamos sendo. A condição
para que eu seja é que esteja sendo. Cada um é um processo e um projeto, e não um
destino".[71]* Os Seminários de Investigação do Instituto de la Máscara[72], nos
quais seguimos aprofundando conhecimentos, formam parte desse critério
educativo, porque na medida que surgem novos interrogantes, aparecem
novas respostas, dúvidas e desejos de continuar indagando. Aqueles que

---

[68] Ana Cassinelli, integrante dos seminários "Reflexões com a Teoria da Psicanálise" e de "Supervisão Clinica do Instituto de la Máscara". Diplomada em Psicodrama e Corporeidade pelo Instuto de la Mascara (UAI), coordenadora de Trabalho Corporal, graduada pela Escola de Técnicas Corporais (1982). Doutora C.P.N. pela Faculdade de Ciências Econômicas (UBA) (1972). Coordenadora, consultora e capacitadora. Ministério da Educação Argentina. Coordenadora de grupos do Instituto de la Máscara em atividades como mascaradas, jornadas institucionais, oficinas abertas a comunidade. Capacitadora junto a Lic. A. L. Brasburg em promoção da saúde mental do Hospital Teodoro Alvarez. Sócia e fundadora da Associação de Profissionais em Técnicas e Linguagens Corporais (Aptelec). Teve participação com apresentações e oficinas em congressos nacionais e internacionais. Tem menção especial pelos seus trabalhos escritos e prêmio do Júri por suas fotografias.

[69] SPINOZA, B. Ética. Madri: Alianza Editorial, 1987.

[70] SARAMAGO, J. *La Caverna*. Madri: Grupo Santillana, Alfaguara, 2000.

[71] FREIRE, P. *El grito Manso*. Buenos Aires: Editorial Siglo XXI, 2004.

[72] MATOSO, E.; BUCHBINDER, M. La poética de la cura y desenmascaramiento. El desarrollo de uma clinica de la imagen y la escena. In: SEMINARIO LA INVESTIGACION DEL CUERPO TERRITÓRIO ESCENICO Y SUS MÁSCARAS. Buenos Aires: Instituto de la Máscara, 2002-2009.

tomamos como nosso eixo de investigação "o corpo" não podemos deixar de migrar, de tomar a própria vivencia corporal como reformadora de identidade. *"Para o homem não existem outros meios de experimentar o mundo sem ser permanentemente atravessado, transformado por ele."[73]* Este atravessamento geral e mutante forma parte do ser eu e outros na busca permanente de crescimento.

Com ânimo mutante

"Mova desde a cabeça como ponto de apoio"[74], foi a proposta da professora. Esse pequeno trabalho de busca a partir do movimento se projetou pelo resto do corpo de forma imediatamente em cadeia. Foi o descobrimento de uma zona erogeneizada, por meio de um movimento simples como a cabeça deslizando devagar sobre a parede e girando sobre ela. Ponta de bola que desembaraça imagens trazia recordações da infância. *"A banheira com pernas, o tacho de água quente, o banho cotidiano, o prazer do liquido que se derrama caloroso sobre a cabeça e a esponja deslizando sobre a pele."[75]*

A cabeça como um iceberg, mostrou profundidades oceânicas em que, para saber um pouco mais, há que submergir e mergulhar...

Este pequeno encontro metaforizou estados da alma, abrindo uma poética corporal que cobrou dimensões geográficas sugerindo mapa... Mapa como caminho a seguir para chegar a um ponto de encontro, onde se abriram novas dimensões, bifurcações, duvidas. Mapa em que os fantasmas genealógicos que tomaram dimensões desconhecidas e se instalaram em lugares impensados *"movam as costas desde as omoplatas"*, propôs Mario[76]... surgiram caricias e abraços de pele a pele. Tecidos que se envolveram ou se despregaram no ar como asas em movimento. Asas de desejo, que foram motores impulsionando o atravessar os tempos, *"... o tempo é aqui o tempo do corpo..."[77]*

Apareceram assim vivencias do passado e presente com projeções de futuro. Retalhos de histórias familiares errantes que encontraram um lugar, seu lugar no mapa? *"... o corpo real está tão presente como o corpo imaginário..."[78]*.

---

[73] LE BRETON, D. *El sabor del mundo*. Una antropologia de los sentidos. 1. ed. Paris: Editorial Nueva Vision, Paris, 2006.

[74] LANZIERI, N. *Apuntes de uma clase sobre puntos de apoyo.*

[75] Reminiscências da autora.

[76] *Idem* 4.

[77] SAMI-ALI, M. *El cuerpo, el espacio y el tiempo*. Paris: Editorial Amorrortu, 1990.

[78] SAMI- ALI, M. *Cuerpo real, cuerpo imaginário*. 1. ed. Paris: Editorial Paidos, 1979.

MAPA FANTASMÁTICO CORPORAL

E o poético? Qual foi o preço pago por atravessar o túnel dos ciclos? Por acaso foram as lágrimas diante o supurar de velhas feridas, os abraços de amor? Ou as postergações dos desejos... aquela viagem que começou como um jogo e terminou como um desenraizamento.

Corpo/mapa, que foi atravessado pelas estações sucessivas e impregnado de história. Banhado pelas lágrimas das cistites repetidas, ferido pelo maltrato corporal de médicos implacáveis, apreciados pelos filhos dados à luz e com o prazer das partituras a dois; *"...antes de integrar-se num funcionamento autônomo, o tempo, o mesmo que o espaço, começa sendo uma relação com o outro cuja impressão se mantém* no nível do inconsciente..."[79] ancestrais que falam desde os seus antigos prazeres-feridas e aparecem como fantasmas móveis que não se podem ver. *"Passado, presente, futuro transitam em recordações, sensações, que adquirem dimensão, forma, cor, na dimensão do mapa."*[80]

Foi nesse "aqui e agora", quando na criação grupal, foi corpo vivo, grupo vivo constituído por peles eleitas para compartilhar esse transitar.

Com todas elas habitei uma pele grupal que continha sem limitar e me impulsionou a cruzar fronteiras, a transgredir a barreira invisível do passado não eleito que transita pelos caminhos do mapa. Essa pele que foi atacada ou idealizada segundo os movimentos grupais.

Vivências de tempos subjetivos sobre os pendulares. Instantes de descobrimento que justificam uma grande busca. Telefones que se desligam ou tocam e como um vaivém nos trazem e levam do passado ao presente entre a construção de espaços circulares ou retos.

Foi no momento de desenhar o mapa, e como que surgindo do nada, que apareceram nele os quatro integrantes da família amarrados nas omoplatas e, em seguida, a associação com a dor das costas repetida e migrante. Quem foi o quarto? Por acaso eu mesma, ou uma das inumeráveis máscaras corporais se caiu e deixou vislumbrar algo inominável?

Apareceu na verbalização do mapa, tanto simples, na forma de palavras infantis, como exigentes, urgindo a cumprir os papéis atribuídos.

Nessas representações, o contexto social atravessou tudo. Fui moradora de uma ferida contínua no coração, que contive as vozes dos que alguma vez foram perseguidos, encontrados, hospedados em meu histórico corpo/casa.

---

[79] *Idem* 9.

[80] MATOSO, E. *El cuerpo território escenico.* Buenos Aires: Editorial Paidos, 1992.

"Tomar consciência do próprio corpo é aceitar que se toma consciência do que se há vivido (ou por menos de uma parte) e sentido por meio dele; também é aceitar que se revivam as angústias esquecidas; de algum modo, é uma tomada de consciência da experiência corporal"[81]

Foram muitas as camadas vislumbradas, várias camadas, tal qual os antigos mapas em papel de seda que superpunham a produção agropecuária, as planícies e os fatores climáticos por sobre as montanhas, nuvens de algodão e areia que davam volume e relevo ao plano e marcavam fronteiras. Fronteiras para atravessar, transgredir, tocar, num intento de unir e separar... dentro e fora, espaços transacionais à maneira de Winicott. Desenhos em tintas coloridas sobre os corpos representados com *crayon*... camadas do corpo, peles superpostas, máscaras e seu reverso. *"Sou como minha máscara e também com a máscara que me desmascara de minha máscara"*[82].

Sou eu, e são eles e somos nós nesse "construir-nos" no jogo pele a pele desde o movimento e as máscaras.

Derivando em direção a pele-percepção-movimento[83]

Nas oficinas individuais e grupais, a hipótese foi vincular pele, percepção, movimento, genealogia, MFC, partindo do suposto de que estes conceitos são facilitadores da aprendizagem e possibilitam um encontro com os outros (educadores, colegas, pacientes) de um lugar e com uma qualidade diferente. "No embrião para não dizer no recém-nascido, a sensibilidade táctil é a primeira a aparecer e aí está, sem dúvida, a consequência do desenvolvimento da ectoderma, fonte neurológica comum a pele e ao cérebro. O acontecimento do nascimento traz para criança, no seu momento, uma experiência de massagem em todo o corpo e de fricção geral da pele durante as contrações maternas e a expulsão fora do envoltório vaginal dilatado pelas dimensões da criança".[84]

A proposta consistiu em:

- Realizar um trabalho individual de contato visual, com reconhecimento do espaço real e tátil do corpo próprio em movimento.

---

[81] DIGELMANN, D. *La eutonia de Gerda Alexander*. Buenos Aires: Editorial Paidós, 1992.

[82] BUCHBINDER, M.; MATOSO, E. *Las máscaras de las máscaras*. 1. ed. Buenos Aires: Editorial Letra Viva, 1980.

[83] Seminários ditados pela autora em âmbitos diversos, públicos e privados, e dirigidos a profissionais heterogêneos.

[84] ANZIEU, D. *El yo Piel*. 2. ed. Madri: Editorial Biblioteca Nueva, 1994.

MAPA FANTASMÁTICO CORPORAL

- Efetuar um trabalho senso-perceptivo de contato individual e grupal continuando com o movimento e a música, com e sem objetos intermediários (plumas, sedas, tecidos ásperos, globos).

- Gerar a busca de imagens oníricas a partir de técnicas de relaxamento e metáforas.

- Confeccionar o MFC aplicando distintas alternativas: a figura plana em folha comum, com volume (plasticina ou argila) e/ou a representação do corpo em tamanho real (papel de pôster) de acordo aos espaços e contextos dados. Em algumas situações se modificou a proposta utilizando-se fotografias (em forma de colagem).

- Usaram-se máscaras para designar lugares especiais no (MFC) e se sugeriu o uso posterior das mesmas numa proposta grupal de jogo dramático.

A eleição de buscar numa nova instância o reconhecimento do espaço geográfico, teve sua premissa de poder tomar posse deste espaço, capitalizar este como próprio dentro das margens temporais, nas quais se desenvolve a oficina e poder conjugar o espaço próprio dentro do espaço real.

O recorrido do olhar, a visualização dos objetos, o contato do corpo com o piso e paredes, a circulação própria e os outros constituiria a primeira grande pele a habitar. *"O estranho inquietante se situa, sem dúvida, no nível do espaço sensorial estruturado normalmente pela vista que, graças ao seu funcionamento binocular, determina a terceira dimensão..."*[85]

A posteriori a sugestão de trabalhar com tecidos de diferentes texturas, o toque, a fricção, a aproximação na pele e com os outros, e logo a pressão sobre as partes duras (ossos), semiduras (músculos e tendões) e suaves (órgãos), que são contidos por ela; pretendia ir para o final da discussão, — sensação de suavidade antes do toque com um lenço de seda, o odor a madeira ou a aspereza da lã — chegar a cerras profundidades de origem e cultura, quase indispensáveis se quer que o mapa tenha traços dos fantasmas que o habitam. *"As percepções sensoriais são em primeiro lugar a projeção de significados sobre o mundo".*[86]

O contato com a pele permitiria essa atualização dos vínculos das primeiras etapas. Avós que contam suas histórias ao pé do ouvido e que aparecem sutilmente no mapa e tomam cor, forma ou máscara, e revelam além deste pequeno momento.

---

[85] *Idem* 10.
[86] *Idem* 5.

A pele, ainda assumindo que não possui a anterioridade cronológica, possui uma primazia estrutural sobre todos os outros sentidos, ao menos por três razões. É o único sentido que recobre todo o corpo. Em si mesmo contém diferentes sentidos (calor, dor, contato, pressão) cuja proximidade física implica a continuidade psíquica. Finalmente, como assinala Freud alusivamente (1923), o tato é o único dos cinco sentidos externos que possui uma estrutura reflexiva: a criança que toca com o dedo as partes de seu corpo experimenta as duas sensações complementares, de ser um pedaço de pele que toca ao mesmo tempo que é um pedaço de pele que é tocado.[87]

Assim, este trabalho de contato com o corpo próprio e o corpo do outro foi incorporando movimento e jogo, permitiu a exteriorização de sensações táteis e vinculares de grande profundidade. Se escutaram algumas palavras como: placidez, relaxamento, flutuar, distensão, abraços, apertos, ternura, amor.

Quando propus, por meio do trabalho corporal, estabelecer diferencias entre a pluma e a lixa... o algodão e a seda... intentei que os assistentes voltassem a estabelecer com a pele um laço alterado ou perdido. Esse distante contato de pele a pele com a mãe, inscrito em algum lugar do corpo sem palavras do bebê.

No transcurso das oficinas, o envolvimento com o próprio tecido, com dos outros, a sugestão de perceber os odores, os jogos, a música, o som e o movimento, somaram momentos de regressão de forte intensidade, visualizados nos corpos com rostos sorridentes e dedicados dos participantes. *"O envolvimento real e simbólica do corpo e portanto do próprio individuo, é uma memória inconsciente da infância, uma recordação das explosões de amor ou da rejeição da mãe".*[88]

Depois do trabalho grupal realizei um trabalho individual de relaxamento dirigido, com a voz muito suave e detalhando as distintas partes do corpo. Deitados no piso, com uma música de abertura seguida pela leitura de textos poéticos.

> ... Também. A eternidade está nas coisas
> Do tempo, que são formas apressadas... [89]

---

[87] *Idem* 16.

[88] *Idem* 5.

[89] BORGES, J. L. *Poemas elegidos*. Edicion Bilingue. Estados Unidos: Penguin books, 1999.

> ... A luz do dia de hoje
> Exalta os cristais da janela
> Da rua, do clamor e da vertigem
> E encurrala e desliga a voz fraca
> dos antepassados [90]

Foi muito boa resposta e, do meu ponto de vista, um espaço impres-cindível para retomar o diálogo interno.

Chegado então o momento da confecção do mapa, havia-se alcançado um certo grau de confiança nas peles a coabitar, uma maior sensibilização corporal e a geração de imagens que poderiam ou não aparecer na repre-sentação gráfica.

"A linguagem poética redefine, redimensiona e contextua constantemente a linguagem. Produz o mesmo efeito de desestruturação que a máscara, e por sua vez reestrutura na metáfora esta outra máscara".[91]

É interessante narrar que numa das oficinas, anterior ao desenho do mapa, os participantes que se comunicavam em inglês ante a proposta de "desenhem o mapa" colocaram dentro dele palavras em seus respectivos idiomas maternos: português e alemão. Depois da sugestão "intercambiem suas vivencias diante o desenho" a resposta foi a busca de uma língua em comum que lhes permitissem se entender. Usaram o inglês. Resultou bas-tante claro visualizarem as etapas de elaboração do processo.

É importante destacar que diante o futuro do imprevisível, que foi a escassez de folhas para desenhar as silhuetas na forma individual, surgiu a necessidade de propor o uso compartilhado do verso e do reverso da folha para desenhar o MFC. A experiência, que por outra parte teria seu ante-cedente na participação e intercâmbio de tecidos durante o momento de contato e movimento, levou também a uma proposta posterior de verbali-zação acerca de ambas silhuetas. Esse momento foi muito intenso e difícil de limitar para chegar ao convite de encerramento. Versos e reversos? O que foram então gerados ali pelos imprevistos?

Algumas vezes nos transcursos da atividade tem o imponderável que atravessa o projeto modificando-o. Outras vezes, aparece uma rejeição a uma interpretação diferente da consigna, instante em que se faz necessá-

---

[90] *Idem* 21.

[91] *Idem* 12.

rio a plasticidade e o compromisso do coordenador observando e criando uma proposta que lhe permita levar a cabo seu objetivo. Se for possível, enriquecendo-o com a mudança introduzida.

Na programação de uma oficina e/ou seminário, ou de uma sessão terapia corporal, se parte de um diagnóstico e/ou metas que fazem a estrutura da tarefa. Mas, como os caminhos geográficos, os caminhos tem bifurcações e atalhos. Isso implica, às vezes, e, dar um giro de 180 graus na proposta original. Não significa "não planejar", mas poder entrar "no jogo". Poder entrar num espaço de jogo transicional[92] em que a proposta do outro ressignifique a minha na construção de um processo de estruturação, desestruturação, estruturação.

O ser humano é isso. Um processo que se constrói e desconstrói no fazer cotidiano. A soma de experiências e vivencias, de luzes e sombras somadas aos saberes garantidos.

"A essência do ser corporal se encontra em desconstruir para descobrir, não sua permanência e sua homogeneidade, mas sim, novos modos de existência".[93]

Desta forma, a importância do trabalho senso-perceptivo e a utilização dos recursos mencionados na formação de profissionais e docentes, já que propõem modificar o vínculo com os outros e, portanto, a forma de conceber a educação e as estruturas institucionais. Permitindo disponibilidade, abertura em direção ao desejo, aceitação dos outros saberes e a possibilidade de instaurar o germe da aprendizagem constante.

Em outra das oficinas e durante o processo de construção do MFC, observei um jovem, alto, delgado um pouco encurvado, enquanto desenhava. Parecia ter dificuldade com o contato pessoal e com os outros (evidenciado no momento que contornava com seu marcador o contorno da colega). Ele estava rígido e sério. O que apareceu na representação? — uma silhueta vazia, somente com algumas palavras. Diante minha sugestão "a ideia é usar o desenho, não a palavra", com muita dificuldade, esboçou alguma imagem.

O trabalho prévio do jogo e movimento grupal haviam antecedido o momento do desenho e havia sido filmada a proposta: que sinto ao brincar com o tecido que envolveu outro corpo? Ao ver depois o vídeo da oficina, este se viu muito sorridente, comprometido, brincando com os tecidos e com os outros. Este corpo posto em jogo grupal, se relaxava. Dada as

---

[92] WINICOTT, D. *Realidade e juego*. 1. ed. Buenos Aires: Editorial Paidos, 1972.

[93] ANDRIEU; HABER; LACHAUD; LAHUERTA; LOUVEAU; MOLINER; NEVEUX; RENAULT; WACQUAN. *Cuerpos dominados* – Cuerpos em ruptura. 1. ed. Buenos Aires: Editorial Nueva Vision, 2007.

MAPA FANTASMÁTICO CORPORAL

limitações do tempo e contexto, não pude ir mais adiante, mas recordo seu rosto quando caminhou olhando as outras silhuetas que haviam alcançado um alto nível de expressão.

"A inclusão do trabalho corporal tem a ver com a possibilidade de desestruturar; o olhar sobre o corpo pode ser o lugar da fissura, da quebra do não dito no gesto, a outra face da cena."[94]

"Quando certos corpos, de igual ou distinta magnitude, são compelidos pelos demais corpos de tal modo que se aplicam uns contra os outros, ou bem — se eles se movem com igual ou distinto grau de velocidade — de modo tal que se comuniquem uns com os outros seus movimentos segundo uma certa relação, diremos que estes corpos estão unidos entre si e que todos juntos compõem um só corpo, ou seja, o indivíduo que se distingue dos demais por meio da dita união dos corpos."[95]

O profissional, que trabalha com adultos ou com crianças necessita fazer consciente seu próprio corpo, poder aceitar completar-se, contatar-se, abraçar os outros. Explorar em si mesmo as limitações e o medo da fusão e da perda.

Alguns dos testemunhos dos participantes disseram: *"durante o trabalho de contato e pressão descobri pela primeira vez minha tridimensionalidade."*

"Depois de vários anos de carreira descobri o prazer e o significado do movimento em mim. Este vai ser o tema da minha tese."

O uso da música e o som durante as oficinas foram fundamentais no trabalho do movimento prévio ao mapa e na sua execução. Provocaram nos participantes a imersão num mundo próprio e ao mesmo tempo distante; permitindo a partir das vibrações um encontro com a geografia corporal. Um participante comentou *"me fez chorar. Sua voz era vibrante que me recordou...",* o canto atravessou sua pele, invadindo um a um os centros energéticos, evocando lugares impensados.

E assim eles alcançaram o ponto culminante nas oficinas e seminários, a proposta de um trabalho final com todos juntos se impôs quase sempre. O abraço e o jogo coletivo com os elementos, tecidos, máscaras, surgiram espontaneamente. Um breve adeus com palavras emocionantes, aplausos, raiva e agradecimentos depois de conjugar momentos de intensidade difíceis de esquecer.

Volta outra vez a transitar a solidão que, por um breve espaço de tempo, havíamos perdido. Mas não é certo, não estamos sós, temos uma história descoberta para empreender e compartilhar.

---

[94] *Idem* 12.

[95] *Idem* 1.

MANDALA, MAPA E PROTOCENA: O JOGO NOS CENÁRIOS CIRCULARES

Ana Luisa Brasburg[96]
Valeria Uhart[97]

Escrevemos este trabalho a partir da experiência que realizamos no âmbito de um hospital público (aproximadamente desde 1998 até 2010), numa proposta de oficina aberta à comunidade e com uma população heterogênea e móvel. O marco geral das atividades que funcionavam ali tinha como objetivo potenciar os "recursos saudáveis" dos integrantes da comunidade.

O grupo facilita a construção de um "nós somos", de um lugar de pertencimento, dando assim a possibilidade de apoiar-se nos outros; os outros são um lugar de sustentação que permite implantar fantasmáticas internas e, por sua vez, construir um lugar de transformação e mudança. Se constrói, assim, um "corpo grupal" de trabalho, um espaço facilitador de simbolizações individuais e grupais. Neste contexto hospitalar, funcionava a oficina de Autoestima que coordenávamos.[98]

Frente ao desejo institucional de trabalhar a partir da autoestima, fomos desenvolvendo diferentes linhas de trabalho: a busca de personagens internos, os personagens dos sonhos, a aposta em jogo de diferentes formas de realizar pedidos, e muitos outros temas. Trabalhamos a partir do jogo e da criatividade, numa estratégia que aponta a recuperar espaços expres-

---

[96] Ana Luisa Brasburg é psicóloga (UBA), coordenadora de Recursos Expressivos e Psicodrama. Cursou diversos seminários de formação e investigação no Instituto de la Mascara, do qual faz parte. Participou em cursos para Graduação da Associação para a assistência e investigação Neurológica Dr. Juan E. Azcoaga (1982) e foi coordenadora de oficinas de psicoterapia, com a direção da Dr.ª Graciela Peyru. É coordenadora da oficina de "Escrita Psicodramática" no Instituto de la Máscara de 2005 até a atualidade, e foi coordenadora da "Oficina de Autoestima", no Hospital T. Alvarez de 2000 até 2010. Expositora de diversas jornadas e congressos. albrasburg@yahoo.com.ar.

[97] Valeria Uhart é psicóloga (UNLP) coordenadora de Recursos Expressivos e Psicodramatista. Participa do Instituto de la Máscara. Integrou a equipe de coordenação da oficina de "Auto- Estima", no Hospital Gral. De Agudos Dr. Teodoro Alvarez de 2005 até 2010. É coordenadora desde 2008 de grupos de Psicodrama para adultos e crianças. Roteirista da oficina de "Escrita Psicodramática" no Instituto de la Máscara. Tem participado como Expositora de diversas jornadas e congressos.

[98] Formamos a equipe de coordenação, por ordem de antiguidade, Ana Luisa Brasburg (psicóloga, psicodramatista, e coordenadora de Recursos Expressivos, Mabel Martinez (coordenadora de trabalho corporal e psicodramatista) e Valeria Uhart (psicóloga, psicodramatista e coordenadora de recursos expressivos).

sivos, que permitam explorar aspectos próprios que vão ao encontro dos outros. Como chegamos na Mandala? A partir da exploração da dinâmica dos processos criativos que implica gerar um espaço.

O trabalho com as Mandalas nos proporcionou disparadores significativos que fomos elaborando ao longo dos encontros, utilizando ferramentas como o trabalho corporal, as técnicas psicodramáticas e diversos recursos expressivos (pinturas, objetos, sons etc.) que serviram para ir dando uma forma possível aos emergentes grupais, e para refletir sobre isto tudo depois. A Mandala, a partir da nossa perspectiva, é um instrumento de exploração que implica gerar um espaço para que cada qual ensaie diversos modos de explorar e de se explorar a partir do jogo e do prazer do encontro com outras pessoas. O jogo, a criatividade e o psicodrama, sustentam a estratégia geral que enquadra o objetivo das diversas técnicas expressivas que utilizamos (trabalho corporal, técnicas plásticas, lúdicas, cênicas, entre outras). Uma parte importante do fechamento de cada um dos encontros é o espaço de reflexão, em que compartilham as experiências e sentimentos sobre o trabalho realizado e gerando aberturas para novas significações, que recuperamos no encontro seguinte; este estilo de coordenação enlaça a escuta e a ação, permitindo que estes polos se retroalimentem mediante as mútuas ressonâncias.

Consideramos a **criatividade e o jogo** como motores gerais de um espaço no qual se dá ressignificações desde a dimensão interna e própria da pessoa que joga, em que as experiências podem ser recriadas para dar lugar, que velhas histórias tenham a possibilidade de ser jogadas no "aqui e agora", num encontro no qual se pode alcançar capitalizar novas vivencias.

A criatividade e o jogo atuam, no marco de trabalho grupal, gerando um processo de acomodação entre o tempo subjetivo e o objetivo, e habilitando então a possibilidade de subjetivar aspectos reprimidos e inconscientes que talvez não tivessem encontrado até o momento outro canal de circulação. Isto também nos incita a pensar sobre as "potencialidades terapêuticas" destas oficinas e suas consequentes significações.

No momento da reflexão grupal, a disposição espacial dos participantes da oficina é circular; "cara a cara", facilitando o fluir de significações. Esta circularidade produziu, na coordenação, efeitos que decantaram na utilização da mandala como uma ferramenta de expressão plástica. Podemos ler aqui uma primeira passagem de código: desde os corpos dos integrantes que formavam um círculo no espaço da sala, até os pontos que formam o círculo desenhado no espaço da folha em branco.

A partir da utilização que fazemos desta ferramenta, **pensamos a mandala** como um elemento que possibilita o desenvolvimento do jogo, a criatividade e a exploração interna de cada um dos participantes. Buscamos com isso, recuperar espaços expressivos.

No concreto da prática, trabalhamos a partir de um círculo como um lugar de apoio que possibilita o criativo.

Há um momento na oficina no qual entregamos uma folha em branco a cada integrante, para que ali ele desenhe seu círculo. Deste momento em diante, os comandos podem ser múltiplos, de acordo com a particularidade dos objetivos deste encontro.

Neste contexto, a mandala é um instrumento de investigação livre, cada qual desenha o que quer, também sabemos, como dizia Freud, que *"nada é qualquer coisa"*.

O trabalho com as mandalas proporciona disparadores que vamos elaborando mediante a utilização de distintas ferramentas, estas servem para proporcionar uma forma possível aos emergentes grupais, sobre os que posteriormente se baseiam na reflexão.

A palavra *Mandala* quer dizer em idiomas sânscritos "círculo mágico". Segundo o dicionário dos símbolos de J. Chevalier, *Mandala* é literalmente "um círculo", embora seu desenho seja complexo e este frequentemente contido num recinto quadrado. É uma imagem que representa e tende a superar as oposições do múltiplo e do uno, do decomposto e do integrado, do diferenciado e do indiferenciado, do exterior e do interior, do difuso e do concentrado; um resumo da manifestação espacial, uma imagem do mundo e uma imagem psicológica própria para conduzir a quem a contempla a "iluminação".

Realizamos aqui um esclarecimento com respeito ao uso que fazemos de alguns termos, questão importante por ser este um escrito que reflete teoricamente sobre alguns aspectos da prática. Nesta elaboração de experiências, palavras tais como iluminação, magia, sagrado, nos parecem termos válidos para circunscrever aspectos relacionados com o jogo e a criatividade. Fazemos assim para nos referirmos, por exemplo, ao efeito surpresa, o qual percebemos que se produz nos participantes diante determinados descobrimentos e sentidos inesperados, que aparecem como produto de trabalho; e é somente desde o potencial humano que implicam estes processos criativos, um potencial que se relaciona fortemente com o movimento instituindo outras formas possíveis e a autonomia, que não pode ser pensada sem exploração e revelação das determinações pessoais e sócio históricas que nos atravessam, assim utilizamos estas terminologias.

Para nós, a Mandala é, em primeiro lugar, a representação de um círculo que inaugura um espaço para a criação. Pensamos também como um "tememos". Nos contam os antigos gregos, que o tememos era o espaço do jogo, um círculo particularmente mágico, um espaço sagrado que estava claramente delimitado e dentro do qual podia acontecer momentos maravilhosos.

Desenvolver a criatividade, tal como se referia Fidel Moccio, tem a ver com recuperar aspectos inerentes ao ser humano, com instalar-se numa atividade própria, que caracteriza o homem e é o instrumento básico de seu desenvolvimento.

Desde o Psicodrama, a mandala poderia ser pensada como a representação de um cenário circular; há um limite, que permite a desestruturação. As bordas circulares limitam a representação de um terreno que favorece a multiplicidade de sentidos, em que algo que é uma coisa, por sua vez, pode ser outra numa multiplicação infinita somente com o girar da perspectiva.

Ao favorecer esta multiplicidade, nos permite explorar e produzir novos sentidos se nos ocorre pensar isto como múltiplas cenas pessoais girando num cenário, e nas quais o ator-atuante é seu próprio observador.

Na mandala não há um "acima" e um "abaixo", uma "direita" e outra "esquerda" fixas e imutáveis; isto depende do momento e do sentido do jogo.

Se entramos em territórios específicos, tomamos aqui uma licença para pensar as lógicas que se desenvolvem no território do jogo e dos processos criativos, e dizemos "as" porque nestes fenômenos há outra lógica em jogo além da lógica binaria.

Em seu livro *Poética do Desmascaramento*, Mario Buchbinder retoma desenvolvimentos de Bajtin e Julia Kristeva sobre o que eles denominam a estrutura carnavalesca, para continua-las elaborando a partir do trabalho com a cena, o corpo e as máscaras. Partimos, então das palavras do autor:

"Kristeva define a estrutura carnavalesca como aquela na qual se rompe a diferença ator-espectador, cenário-plateia. Não há uma rampa, pois esta passagem autor-espectador-leitor se dá num contínuo, em que quem atua vai criando seu próprio drama, em que a vida e a morte são superadas. O certo pode ser falso e vice-versa, e o entendimento do acontecer não pode realizar-se por meio de uma lógica binária, onde num polo estaria a afirmação (o 0)e no outro a lei, a definição, o proibido, Deus (o 1). É necessária outra lógica, uma que pode superar, transgredir esse 0 e 1, e em que por cima de uma estreita causalidade-substancialidade podem privilegiar-se as relações de analogia, as relações simbólicas. Se entra numa lógica poética — que não se refere somente a poesia — que a gráfica como 0-2 superando a binariedade do 0-1".[99]

E nos permitimos, a partir disso, jogar outro nome para denominar a estes modos de funcionamento, vinculados a lógica poética, que se fazem visíveis no trabalho com as mandalas: uma "lógica do reverso", justamente (paradoxalmente) porque poderíamos pensar que não há reverso na circularidade. E isto é possível, ao girar as mandalas, aparecem outros sentidos a partir do sem sentido, do "sem razão"; neste ponto, notamos uma confluência com a lógica do trabalho na pré-cena, o com o nível das protocenas.

"O pré-cênico se faz presente neste entrelaçamento entre o corporal e o cênico. Aquilo que não tem a estrutura da cena com o texto, cenário e personagens diferenciados."[100]

Consideramos que as protocenas (também chamadas pré-cenas)[101] circulam entre o fantasmático e a realidade, onde se cruzam o corpo, os personagens com suas distintas máscaras, o gesto, o jogo, o social, a palavra

---

[99] BUCHBINDER, M. *Poética del desenmascaramiento*. Caminos de la cura. Editora Planeta-Nueva conciencia, 1993. p. 72.

[100] BUCHBINDER, M. *Poética de la cura*. Editora Letra Viva-Instituto de la Máscara, 2001. p. 59.

[101] "As cenas podem ter distintas origens e graus de estruturação. Podemos denomina-las: originarias, primarias e secundárias, em relação com conceitos advindos de Piera Aulagnier. Podem ser estruturadas e não estruturadas. Nas primeiras é possível diferenciar: conflito, papéis, protagonista, texto, desenvolvimento da ação dramática e cenário. Nas não estruturadas ou pré-cenas, há um corpo parcial ou fragmentado, as lógicas do desenvolvimento cênicos têm que ver com a lógica do processo primário (por exemplo, uma coisa pode ser de uma maneira e ao mesmo tempo ser seu oposto: homem-mulher, vivo-morto, ator-expectador etc.) e estabelecer uma relação particular entre a palavra, os objetos e o corpo". BUCHBINDER, M. *Poética de la cura*, Editora Letra Viva – Instituto de la Máscara, 2001. p. 59.

caótica ou com texto estruturado; estes são todos os componentes de uma cena íntima e pessoal que podem desenvolver-se num espaço vazio, seja o do cenário no termo clássico da palavra, ou em uma folha em branco como um "outro cenário".

As protocenas pertencem à categoria de cenas não estruturadas, e nos parece importante aqui fazer uma diferenciação entre o não estruturado e o desestruturado, já que enquanto a desestruturação põe o acento na desintegração de algo preexistente, a não estruturação alude a algo que está sucedendo, cenas que estão nascendo e, por isto mesmo, o acento recai aqui sobre a produção. Nas protocenas, o sem sentido e o vazio têm a ver com um movimento que institui outras formas. Assim mesmo, consideramos que o vazio que se joga nas cenas pode ter uma dupla significação, uma que é a gestação de algo novo e outro de nada e morte. Mas se é possível atravessar ou sobrepassar o obstáculo pode aparecer outra cena, que em primeira instância é do vazio ou da não compreensão, mas que pode dar lugar a posteriori a um novo nascimento, a uma nova produção de sentidos.

Pensamos que sucede algo parecido quando trabalhamos com as Mandalas.

Queremos remarcar a importância de dar tempo, permitir e deixar que apareçam aquelas palavras, frases, gestos, traços "sem sentido", as primeiras instancias protocênicas para encontrar/produzir "esses sentidos" ao "outro sentido", no qual as ações se sucedem dentro das leis de um processo poético e criativo para dar lugar a reflexão, em que a palavra se realça por ter a possibilidade de encontrar-se com a palavra do outro e pode funcionar como um elemento metabolizador. Consideramos isto como um recorrido dialético que equilibra entre os polos da estruturação e da desestruturação, no movimento contínuo.

Sabemos que para que a cena se configure tem que se apresentar diversas "condições para a cena"[102], que permitam ao ser humano jogar sua ação como tal, e desenvolver suas potencialidades. "Nestes cenários", os afetos ("amor-ódio", por exemplo) se cruzam desordenadamente e conseguem se refletir no desenho como uma representação, tal qual o antigo teatro grego. Nos parece importante ressaltar aqui o "re" da re-apresentação, que se faz presente nos desenhos como nas cenas, se trata justamente de gerar certas condições de jogo de poder "fazer presente" coisas, representar em diversos cenários.

---

[102] BUCHBINDER, M. *A cena dramática:* deriva da cena entre fantasia e realidade. Componentes cênicos.

As cenas da mandala: a árvore e suas voltas

Num dos encontros com o grupo, em que o trabalho com a mandala era de criação absolutamente livre, alguns participantes desenharam a figura de uma arvore. Como este emergente ressoou com particular intensidade para o restante do grupo, o seguimos para continuar trabalhando, e no encontro que se sucedeu a consigna foi pintar uma arvore dentro da mandala. Começamos com um primeiro momento de trabalho corporal, em que cada um, a partir da consigna de "brincar de ser uma arvore", realizou uma exploração proprioceptiva. Posteriormente, propusemos realizar a passagem destas experiências corporais para a folha em branco; distribuímos lápis de cor e pedimos que desenhassem primeiro a figura de um círculo, para depois desenhar uma arvore dentro desta, tendo em conta o registro do que foi vivenciado.

A passagem de código, da vivencia para a folha, produziu, entre outras coisas que se fizera presente, o conceito de tridimensionalidade nos desenhos: apareceram texturas, profundidades, como se o desenho se estendera "para dentro" e "para fora"; algo do volume do corpo ficou representado com particular intensidade no desenho da árvore realizado em dois planos (altura e largura) da folha. Houve, entretanto, fortes comentários em relação a sensações tácteis.

Que sucedeu nesta passagem? De que falamos quando falamos de tridimensionalidade?

Nos inquieta saber se a aparição deste terceiro plano está relacionada com a circularidade da mandala. Ao seguirmos investigando acerca das relações entre a tridimensionalidade e da circularidade, aparecem algumas reflexões: Elina Matoso e Mario Buchbinder definem o Mapa Fantasmático Corporal como uma metodologia de trabalho para explorar o complexo vínculo entre corpo e território.

"Na abordagem corporal-dramática, esta temática não é tomada como referência casual ou anedota, considerando que as palavras território-corpo conformam uma unidade que possibilita a consolidação da corporalidade, da matéria, cor, textura, rotas, odores. É impossível falar do corpo desde outro lugar que não seja a metáfora e esta mesma metáfora inicia, ou cria raízes, ou voa, a partir do território universal que habitamos. Denominamos mapa fantasmático corporal a esta representação que cada um faz de seu corpo, tendo como referência uma superfície territorial real ou imaginária.

Este procedimento permite especializar a imagem inconsciente do corpo. Passado, presente, futuro transitam em memórias, sensações que adquirem dimensão, forma, cor, na representação do mapa. Dizemos fantasmático porque o corpo que o mapa revela cavalga entre a materialidade corporal, anatômica, biológica e as fantasias depositadas nele."[103]

Se pensamos a mandala da arvore como uma ficção do Mapa Fantasmático Corporal, como uma "outra forma" possível, podemos observar que essa conjunção de mandala e arvore permite jogar com a "lógica do reverso", com a reversibilidade.

Onde está o "acima" e onde está "abaixo" nestes territórios circulares e dinâmicos.

A música, peles no ar e outras cenas da mandala

A circularidade, que começa a insistir nestas conceituações como uma noção importante que incita a explorar suas significações, também nos lembra a música, ferramenta que foi adquirindo cada vez maior importância neste trabalho, pelo qual nos parece justificado dedicar-lhe um comentário, já que nos foi útil para gerar novas possibilidades de exploração no trabalho com o Mapa Fantasmático Corporal e a mandala.

Começamos a experimentar desde muito tempo na oficina com a utilização de "música ao vivo", utilizando a flauta transversal como um recurso que abre a exploração de outras dimensões, de outras texturas no espaço de trabalho. O trabalho com a música "ao vivo" possibilita uma ressonância "direta" com um instante único e irrepetível: o aqui agora dos integrantes do grupo, um acompanhamento de mútuas vibrações, de mútuas ressonâncias. Se a vibração implica na propagação de ondas, com o som pode-se multiplicar os sentidos, como as ondas concêntricas que se propagam na água quando atiramos uma pedra. Vibrar com outro é encontrar e se abrir à multiplicidade.

Normalmente jogamos como contraponto "as duas flautas", localizadas num extremo e outro do salão, gerando as vezes uma circularidade dialética de opostos diferentes com o grupo, outras com circularidade de ecos, e diversas "experimentações sonoras" que permitem gerar outras superfícies de trabalho.

A música abre a outras cenas simultâneas, multiplica os cenários. Tem um tempo e paradoxalmente gera aberturas desde outros espaços, em que exibe texturas que abrem a diversos cenários num mesmo momento. Neste

---

[103] MATOSO, E. *El Cuerpo territorio escénico*, 3. ed. Letra Viva, Bs.As. 2004.

sentido poderíamos pensar que há uma relação com a tridimensionalidade, a música consegue construir "peles no ar". E essas peles se filtraram nos desenhos que os integrantes foram realizando.

Estas "outras peles" que a música permite construir potência a exploração de diversos aspectos do mapa fantasmático corporal, relacionados com o primário e o originário, pegadas arcaicas da imagem corporal que se relaciona com o semiótico. O trabalho corporal, a música e a vibração tão próximas do corpo, facilitariam "tocar" lugares primários, antigos modos de funcionamento. Justamente porque há momentos nos quais a música roça as bordas dos sentidos não acessíveis da palavra; a música permite "outro dizer". Se pode contornar "isso" que se escapa, a música vem ao lugar, rodeia o que não se pode dizer, o que escapa ao significante, a música metaforiza o que as palavras ocultam.

Esta função metafórica produz novos sentidos no jogo dialético entre o semiótico e o simbólico, entre a estruturação e a desestruturação, entre o cênico e o pré-cênico, que foi realizando neste trabalho com a mandala.

O recurso de tocar um instrumento desde a coordenação facilita ressoar com os outros e, paradoxalmente, realça o valor do silencio e dos ruídos. Proporciona uma "banda de sons" elástica e flexível no desfile fantasmático, facilitando a retroalimentação, o acompanhamento das vibrações entre os integrantes do grupo e da coordenação, possibilitando também jogar com os opostos, as desarmonias e os ruídos, implantando um lugar onde as desarmonias perturbadoras podem construir novas harmonias.

Será uma casualidade a estrutura a partir da qual podemos pensar as relações harmônicas entre os sons e o "círculo de quintas"?.[104]

Os sons e as vibrações se articulam também nos cenários circulares.

Voltando ao trabalho com o grupo, uma participante escreveu num dos encontros, a partir do desenho de sua mandala, o seguinte: *"A música ressoava marcando a intensidade e forma do crescimento interno na construção das raízes. É uma situação de extrema beleza e força incrível, fora da realidade e conectada com o interior da terra. A planta possuía uma estranha cor violeta, iluminada pela luz que a repintava com diversas outras cores."*

---

[104] Na teoria musical, o círculo de quintas é um sistema de referência para pensar as relações entre as diferentes tonalidades. Uma quinta é um intervalo, é uma forma de medir a distância entre duas notas musicais. A quinta é o intervalo por meio do qual se podem atravessar os 12 sons da escala cromática musical, voltando ao ponto de partida, por isso se fala de "ciclo ou círculo de quintas". "A vizinhança harmônica" se vê refletida se as tonalidades são postas no círculo de quintas.

Estas palavras nos conectam com outras: *"Além do impulso de criar há um nível ainda mais profundo de compromisso, um estado de união com um todo que está mais além de nós. Quando este elemento de união penetra em nossas formas de jogo, obteremos algo que está mais além de mera criatividade, além do propósito ou da dedicação: chegamos ao estado de atuar por amor. O amor tem a ver com a perpetuação da vida, e portanto está irrevogavelmente ligado a valores muito profundos."*[105]

Qual será a fantasmática que começa a circular por estes cenários circulares?

Retomando o trabalho com a mandala e a árvore, vemos que o tronco, as ramas e as raízes apareceram claramente em todos os desenhos.

Foram muito interessantes as relações que apareceram entre estas partes e o círculo, por um lado, e as relações das partes entre si; e também como iam surgindo sentidos novos à medida que mudava a perspectiva e circulava a palavra.

Nos disse Bachelard que *"um poeta mostra o quão longe pode ir um sonhador de palavras: as palavras são corpos, cujos membros são as letras"*. Poderíamos dizer que, nesta excursão grupal, as imagens foram delineando palavras em sonhadores de corpos.

Queremos assinalar que quando os trabalhos começam a circular para serem observados pelos outros membros do grupo e os integrantes começam a colocar palavras sobre estes, se gera outro novo momento, poderíamos pensar então em uma "outra elaboração" em que as significações de cada um se conjugam. É como se constrói um novo relato grupal. Pensamos como uma passagem de um processo de criação primário para um secundário, que claramente é mais consciente e pré-determinado. A circularidade do grupo dá um *continuum* nesta passagem de um para outro participante; o espaço onde estão sentados os integrantes o poderíamos pensar como o cenário, quer dizer, o espaço onde se desenvolve a "ação" num tempo delimitado e específico. Cremos que é neste "cenário" onde as cenas pessoais se res-significam, vão aparecendo outras configurações e a criação de novas cenas, o que produz fortes ressonâncias: surpresa, emoção, nojo etc.

A imagem corporal joga numa contínua tensão dialética entre a totalidade e a fragmentação, e isto se evidenciou nos desenhos. Formulamos neste momento do trabalho a seguinte questão: que sucederia se puséssemos o foco nas diferentes partes da árvore? Começamos pelas raízes, partindo novamente do trabalho corporal.

---

[105] NACHMANOVITCH STEPHEN, *Free Play*. La improvisación en la vida y en el arte. Cap. Los frutos, el arte por la vida. Editorial Paidós.

Nos desenhos, a reversibilidade voltou a fazer-se presente quando propomos que fossem girando as mandalas e os integrantes foram se surpreendendo com o inesperado. Giravam a mandala e, por exemplo, apareceram cabeleiras onde havia sido raízes, a copa se transformava no rosto de um feiticeiro etc.

Em reflexão posterior, surgiram comentários relacionados com o vínculo que poderia ser pensado entre o desenho prévio da árvore e da raiz, que abriram a novas elaborações.

O trabalho com a mandala e a árvore permitiu jogar com a permanência e a mudança, com a continuidade e a ruptura, a unidade e a fragmentação; tudo isto se foi manifestando nas representações gráficas e nas histórias que apareceram com posterioridade nos comentários que os integrantes — personas — atuantes iam fazendo.

A circularidade do grupo ajudou na construção de passagens para a elaboração. Numa oportunidade, um dos integrantes fez um comentário acerca da mandala que havia desenhado. Seu discurso estava fragmentado, igual ao desenho. Fazia referência a lugares na mandala onde "não havia nada", lugares de ruptura e fragmentação, que poderíamos relacionar com territórios "sem fronteira" zonas do "nada".

Ele esperou, se deu tempo, permitindo que pudessem aparecer palavras desde a fragmentação e os "buracos" de sentido, palavras que a partir desse nada começaram a construir uma borda; e quando os outros integrantes começaram a realizar contribuições desde suas próprias ressonâncias, se foi tecendo entre todos, partindo da circularidade da palavra em comum, uma certa "fronteira", um certo limite que ajudou a elaborar uma passagem do nada ao vazio, do abismo à possibilidade de construção de sentidos.

Algumas Conclusões

Várias temáticas permanecem girando nesse espaço que abrem a diversas perspectivas.

Entendemos que a figura da árvore na mandala, tal qual estivemos trabalhando, é uma forma de Mapa Fantasmático Corporal. É uma representação que possibilita, a partir do distanciamento, uma maior circulação fantasmática com a aparição da tridimensionalidade e a atuação de uma "lógica do revés", uma lógica reversível; também facilita a desestruturação, permite fazer presente um corpo "sem pé nem cabeça" e possibilita que outros sentidos apareçam.

O trabalho a partir da mandala facilita a aparição de pequenos relatos, os que consideramos como múltiplas protocenas, que se desenvolvem curta e rapidamente (podemos assimila-los à estrutura da poesia chamada *Haiku*); um dos professores de *Haiku*, deu a seguinte definição: *"Haiku é simplesmente o que está sucedendo neste lugar, neste momento."*

Há determinados aspectos que foram se fazendo presentes no transcorrer destes encontros, nos traços e relatos que apareceram, nas texturas e tridimensionalidades dos desenhos que nos fazem pensar que há uma lógica de funcionamento subjacente que favoreceria a construção de certas condições para a emergência de algo da ordem da "verdade", e quando falamos da verdade falamos de desejo. Tem "algo" na estrutura da mandala que favoreceria isto. Também tem "algo" na circularidade que nos lembra a estrutura de Haiku e o trabalho com as protocenas.

Traços, imagens, palavras, gestos, sensações e novos traços outra vez, sem pés nem cabeça, com outras peles.

Há "algo" que passa, neste lugar, neste momento... há algo que aparece como revelado...

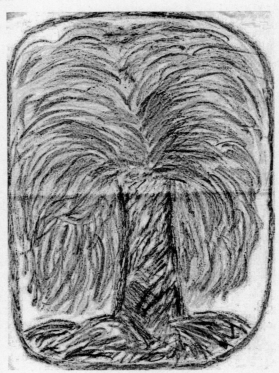

MAPA FANTASMÁTICO CORPORAL

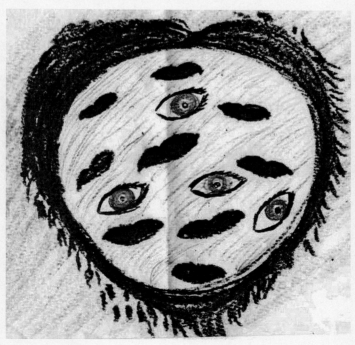

Bibliografia

AULAGNIER, P. *La violência de la interpretacion.* Del pictograma al enunciado. Buenos Aires: Amorrortu, 1977.

BUCHBINDER, M.; MATOSO, E. *Las máscaras de las máscaras.* Buenos Aires: Eudeba, 1994.

BUCHBINDER, M. *Poética del desenmascaramiento, caminhos de la cura.* Buenos Aires: Planeta, 1993. 2. ed., Letra Viva, 2006.

BUCHBINDER, M. *Poética de la cura.* Buenos Aires.Ed Letra Viva.2008.

BUCHBINDER, M. La escena dramática: deriva la escena entre fantasma e realidade. Componentes de lo escênico.

BACHELARD, G. *La Poética de la ensonacion.* Fundo de Cultura Economica.

HEGEL, F. *Lógica.* Madri: Hyspamerica, 1985.

MATOSO, E. *El cuerpo território de la imagen.* 2. ed. Letra Viva, 2001.

MATOSO, E. *El cuerpo território escenico.* Técnicas y lenguajes corporales. 3. ed. Buenos Aires: Paidos, 1996-2004.

MOCCIO, F. *Creatividad.* Buenos Aires: Ediciones Aucan, 1997.

NACHMANOVITCH, S. *Free Play.* La improvisacion en la vida y en el arte. Buenos Aires: Paidos, 2004.

WINNICOTT, D. *Realidad e Juego.* Buenos Aires: Granica, 1972.

OS MAPAS DENTRO DO MAPA: UM PERCURSO PELOS INTERSTÍCIOS DAS INSTITUIÇÕES EDUCATIVAS

Estela Arona [106]

No suceder do trabalho em instituições educativas da Província de Buenos Aires durante mais de 17 anos, e inserida na área das equipes de orientação na modalidade de Psicologia, sempre se apresentou a necessidade de aproximar as ideias de uma análise institucional em que o corpo e seus significantes estejam presentes.

Assim, pude aproximar-me dessa difícil relação entre a função da educação e a exclusão de um amplo espectro de crianças e famílias, muitas vezes fora do sistema pelas características de uma disfunção socioambiental causadas pelas necessidades básicas insatisfeitas.

O corpo é o grande ausente desta suposta harmonia que deveria circular entre as lacunas dos resultados esperados dos ciclos educativos. É aí aonde devem transitar as crianças, desde o início de sua inserção social e escolar (nível inicial — educação infantil) até a tão apreciada idade adulta com o pensamento formal instalado para a inserção em um mundo onde governa um mercado laboral atravessado pela tecnologia e pela globalização, que irremediavelmente é cada vez mais excludente para quem não pode acessar a esses meios.

O espectro de idades é muito amplo e abrange todos os momentos evolutivos do ser humano.

Corpo e Educação

O caminho para aprofundar em que pontos de proximidade e distanciamento se situa o corpo em *maremágnum* da palavra, o pensamento e a lógica requerem um exercício que está distante das práticas docentes institucionais.

---

[106] Estela Angela Arona é licenciada em Sociologia pela Universidade de Buenos Aires (UBA). Tem capacitação docente pelo Inst.Sup. Formação Docente Dir. Gral. De Cultura e Educação Provincia Bs. As. Seminario oficina: Psicodrama Psicanalitica, Fac. De Psicologia. Cursos de Posgrado UBA. Curso de Posgraduação em Psicopedagogia e Saúde escolar. Seminário de Formação e Investigação para profissionais. Coordenador de Recursos Expressivos Instituto de la Máscara. Dir. Dr. Mario Buchbinder Lic. Elina Matoso. Cursos de Posgraduação UBA. Especialização em Medicina Educativa Fac. De Psicologia. Conselheiro em Minoridade. Formação em Psicodrama. Seminário Mapa Fantasmático Corporal Instituto de la Máscara. earona@weinger.com.ar.

Os temores no núcleo escolar são atravessados pelos próprios temores de um corpo ativo e participante na tarefa educativa por parte dos docentes e de um corpo das crianças, limitado, delimitado, cada vez mais implicado pela violência, sendo eles os principais atores desta história.

A essa marca comum a todas a escolas, não importando a que nível socioeconômico pertençam, se soma a tragédia que significa essa dicotomia, essa ausência, nos setores onde os recursos econômicos, culturais, educativos das crianças e suas famílias são limitados.

Para andar este caminho, se toma como ponto de partida as definições que circulam nos meios educativos da capacidade bibliográfica "do pedagógico".

Currículo, andaime, Mapa de risco, estas referências impregnam a tarefa e têm pontos de contato com o Mapa Fantasmático Corporal (MFC) e o Mapa Genealógico (MG).

A possibilidade de investigação se centra no trabalho direto com as crianças nas duas pontas do nível primário, no primeiro e sexto ano. A proposta é a construção de um Mapa Fantasmático Corporal ao iniciar o ciclo letivo e outro, ao final, em cada um dos grupos. Nos mesmos se refletem as travessias das marcas familiares, as necessidades básicas insatisfeitas, as dificuldades pedagógicas, a relação com os docentes e gestores, a distorção e inadequação dos conteúdos pedagógicos.

Algumas reflexões sobre definições pedagógicas

O currículo oficial é o documento que organiza as bases para o desenvolvimento acadêmico, dá pautas para a planificação, execução e avaliação do processo educativo em todos os níveis do processo. Nessa grande estrutura está incluído o *currículo operativo*, aquele que engloba o que realmente é ensinado, enfatizado e aprendido pelo estudante, e o *currículo oculto,* estrutura não reconhecida oficialmente por docentes, administrativo e estudantes, porém, com impacto significativo. É tudo o que existe atrás e em paralelo ao processo pedagógico, se contrapõe à noção do *currículo formal* em razão ao que não está contemplado nos planos de estudo, nem na normativa importante do sistema institucional; pelo contrário, deriva-se de certas práticas institucionais que, no entanto, podem ser talvez mais efetivas para a reprodução de condutas e aprendizagens. O *currículo oculto* é provedor do ensino encoberto, latente e não explícito, que a instituição tem a capacidade de brindar na medida que o coletivo docente tenha uma noção clara e, acima de tudo, uma ideologia comum sobre esta matéria.

As Teorias Psicológicas de Brunet do desenvolvimento do pensamento humano e de Vigotsky se conjugam em relação com as aprendizagens que podem alcançar as crianças na construção do seu pensamento. Com o conceito de *Zona Proximal de Desenvolvimento,* elabora-se a concepção de andaime como base da inserção do adulto significativo, ou um par ou pares, como mediadores entre dois potenciais: a bagagem própria de cada criança e as supostas construções do conhecimento.

Isto implica uma construção sociocultural dinâmica do pensamento, como processo, num primeiro momento intersubjetivo, para passar posteriormente a um momento intrassubjetivo como construção.

Mapa de risco

Cheguei à construção do Mapa de risco a pedido da função que desempenho nas Equipes de Orientação Escolar. Nele se inclui todos os atores institucionais desde a caracterização particular da escola, análise dos papéis docentes com suas particularidades, vinculações pessoais e interpessoais, comunicação institucional, acordos entre docentes, adaptações curriculares, praticas pedagógicas, fracasso escolar. Desde o sociofamiliar, o tipo de comunidade, a dinâmica familiar, as necessidades básicas, a saúde e muitas dúvidas..., um âmbito com muitas lacunas para investigar... muitas palavras soltas com peso em demasia para estes meninos pertencentes a contextos de populações de risco socioeconômicos. A lista destas palavras soltas... *violência, abandono, transculturação, desintegração, cultura oficial, adicções, delinquência, pais ausentes, gravidez precoce, exclusão social...* tristemente, pode não ter fim.

O requerimento de poder transcrever todas as dificuldades que caracterizam a tarefa com esse tipo de população me levou a pensar que, na realidade, este Mapa de risco era desde sua impressão o Mapa Fantasmático ou o Mapa Genealógico de toda instituição educativa, para além da realidade social em que se encontre imersa.

Currículo oculto, andaime, zona de desenvolvimento proximal, percepção, imagem, linguagem, construção genética cultural do desenvolvimento cognitivo, são palavras de cunho pedagógico que voltam a reportar ao fantasmático, ao oculto, ao que está por trás, ao que é o fundo verdadeiro.

Dentro da bibliografia pedagógica me aproximo do livro de Jorge Medina, *O Mal-estar na Pedagogia, O Ato de Educar de Outra Identidade Docente,* pego dele algumas frases para poder formar meu próprio Mapa

Fantasmático como integrante de uma instituição e de um sistema, com o objetivo de ver um possível **cenário** de percursos das fantasmáticas dessas crianças, seu ambiente escolar e suas impressões familiares.

"Um pensar desde o afeto a intuição que não renegue da razão e da estratégia, porém que tampouco se reduza a nenhum desses elementos. Um pensar que incorpore a ciência e a técnica, porém não como únicas vias de acesso ao conhecimento e a ação pedagógica. O pensamento, para pensar-se a si mesmo e romper as fronteiras demarcadas, deve explorar o pensamento externo, dos marginalizados, dos depreciados da cultura dominante. Deve ser promíscuo, incestuoso, impuro. O pensamento pedagógico, para poder ampliar seus horizontes e seu olhar, deve descentrar-se de si mesmo e integrar não somente o trajeto de outras disciplinas, como também outros saberes e práticas."

"O cenário precede em importância aos elementos materiais que se utilizam no transcorrer do curso. Pois o continente que mancha, que transfigura, que recobre e absorve a cada um destes, desde o primeiro texto até o último método. O cenário os reterritorializa, os coloca em um território novo dado por ele mesmo, desde o momento em que se funda."

Pensar a tarefa ou a Geografia do Cenário

Começo a formar o Mapa Fantasmático da instituição. O eixo de investigação se centra justamente no ponto do não dito e o amplo leque do instituído como o esperado.

Nesta primeira aproximação, o trabalho se centrou no contato com os docentes e as crenças sobre o significado da realidade em que se encontra a instituição. A escola não tem um excesso de matrícula, a causa disso, é o pertencimento do alunato às famílias carentes de necessidades básicas insatisfeitas e com moradias mais que precárias, provenientes de um assentamento com características especiais. Inseridos em uma área habitacional de nível mais alto onde as crianças concorrem à escolaridade privada.

O primeiro conflito se institui na ordem do macro social e das características territoriais.

O assentamento

Sua origem provém de meados do século 20 a área era uma fábrica de tijolos, motivo pelo qual se realizaram escavações, com o abandono da atividade produtiva e no início da migração interna dos anos 40 e 50, a

MAPA FANTASMÁTICO CORPORAL

área começou a ser habitada de cima a baixo. É um espaço complexo, com passagens entrecortadas, pequenos e grandes fios de esgoto que correm paralelos aos corredores, casas que vão desde as mais precárias, às vezes construídas em placa, papelão e madeira até aquelas que têm sido capazes de serem levantadas com algum material de alvenaria. A entrada e saída do bairro é por dois lugares que desembocam em duas ruas que rodeiam e são protegidas pela polícia. As casas mais próximas aos acessos são as de melhores condições, elas são as de "cima"; e as de "baixo" alinhadas em terraços que vão descendendo, têm como paisagem o poço, que nos dias de chuva se inunda facilmente, uma vez que não há saída possível para grandes massas de água, estas são precariamente as mais necessitadas. Pela estrutura do bairro é impossível a entrada de veículos, o que o faz mais vulnerável, porém, por sua vez, mais inexpugnável. A principal contradição passa pelas diferenciações entre o assentamento, rodeado de casas de alto poder aquisitivo por um lado, que são casas de bairros de classe média e de velhas zonas industriais adjacentes que caíram em decadência na década de 90 e que nos últimos tempos se transformaram em bairros fechados de classe.

Entre que mapas ou territórios circulam as crianças, os docentes, os pais, dentro de uma escola que se supõe dever cumprir com a função de ensinar e ter como fim último alcançar um pensamento lógico ?.

Os professores

Neste primeiro passo iniciou-se a tarefa.

Contou-se com a possibilidade de uma jornada institucional, o que permitiu um espaço mais amplo para a reflexão.

O desafio foi poder executar o instituído e incluir dentro da dinâmica uma atividade que centrasse a atenção no que se passa quando se pode revalorizar a palavra do corpo que se vê atravessado pela impressão do dever ser, o papel e o instituído.

O ponto de inflexão foi a imagem de "**redemoinho negativo**" expressada pelos professores.

Esta imagem, desde a escola, se associa com o que não tem salvação, o impossível, o incômodo, o não comprometido, o inalcançável, a não saída, o não dito, se tomou como disparador. Esse redemoinho significava para os docentes tudo o que os pais e os alunos se "**negavam a dar**" e a dificuldade que era reverter a "**negação**", ou seja cumprir com a função da educação.

O vivencial, dentro de uma classe como lugar geográfico, começou com um pequeno fechamento ao corpo e ao movimento, música, caminhadas, mudanças de direção, alturas, espaços ocultos, espaços abertos, espaços designados, espaços adquiridos, espaços desenhados e não desenhados... e logo... palavras soltas, cartazes, miomas etc... e então a construção de um espaço tombado no piso, que aos poucos se foi enchendo sobre um papel de imagens, palavras, frases: eleger, estimar, medo, conter, tentar, impossibilidade, coparticipar, valorizar, alegrar, limitar, reflexionar e suas combinações... eleger com coparticipar..., conter porém limitar, valorizar a alegria... e se foi encontrando a verdade do jogo... o "redemoinho negativo" se transformou em "redemoinho positivo" ou "possível", ainda que a dúvida fora: pode ser positivo um redemoinho? Foi difícil explicar caos, criatividade, mapa fantasmático, imagem corporal, possibilidades do corpo, cenário, jogo.

Os alunos

A partir dessa aproximação ao que seria uma intenção de Mapa Grupal Institucional trabalhado com docentes, centra-se o trabalho com as crianças do primeiro ao sexto ano.

O diagnóstico do institucional consistiu na possibilidade de intervenção se centrando em trabalhar sobre o pedagógico, não capturando-se pela forte impressão social, vendo a possibilidade de ressignificar a historicidade própria de cada integrante do grupo.

Oficinas de jogos dramáticos

Na escola há dois primeiros graus (de 6 a 8 anos por repetência e evasão), cada um em cada turno, com matrícula muito baixa, não mais que 12 crianças por classe, o que beneficia o grupo pela possibilidade de trabalho personalizado. A primeira dificuldade do papel docente se apresentou na heterogeneidade do grupo.

Somente umas poucas crianças frequentaram o Jardim de Infância, a maioria provenientes de famílias conflitivas e desmembradas. Os papéis maternos e paternos estão desvanecidos (gravidez precoce, conflitos com a justiça).

Irmãos mais velhos com a responsabilidade de cuidar dos mais novos. Crianças com intervenção de menores, dado o caos familiar em que estavam imersos, especialmente por estar em situação de rua.

Nesta primeira aproximação, a fantasmática destes grupos apresentava um quadro conflitivo.

Organizou-se com uma frequência a cada quinze dias, com a docente encarregada do grau, o professor de teatro e a intervenção da equipe de orientação.

Os objetivos foram justamente a ressignificação das dificuldades familiares dentro da possibilidade de serem revalorizadas pelo jogo. Nesta hora recolocamos a aprendizagem especifica da leitura-escrita a outra forma de aproximação a aprendizagem ao centrar-nos no reforço dos jogos dramáticos.

A. Neste espaço se foi desenvolvendo o Mapa Genealógico desses grupos. A partir dos jogos passaram a revalorizar a cultura dos integrantes, as dificuldades que carregam, e algo das histórias "pesadas" das crianças. A ressignificação é da linguagem oral, do jogo, da formação de um cenário de intervenção dentro da mesma classe em que foram aparecendo alguns dos personagens significativos. Ao jogá-los se pode ver exposto o conflitivo que não só ressalta a dicotomia do poder aprender, mas especificamente a conjunção de possibilidades de iniciar uma aprendizagem da leitura-escritura situada na realidade do grupo.

B. Nos grupos de sexto ano (neste contexto entre 12 e 15 anos) o conflitivo se apresentava das dificuldades em condutas, problemas de relação entre companheiros, absentismo, abandono escolar, baixa aprendizagem, defasagem de idade acompanhados pela intensa realidade das problemáticas socioambientais de grupos imersos em situação de risco. A realidade de "fora" passa por adicções, desvalorização de identidade, trabalho infantil, início precoce da sexualidade com possibilidades de inserção na prostituição, aproximação muitas vezes sem volta na delinquência, consumismo, a notória ausência de figuras adultas e parentais.

Árdua tarefa... a tentativa de um Mapa Fantasmático centralizou-se neste grande ponto escuro:

A identidade

As oficinas realizadas pela equipe, neste caso, têm uma frequência quinzenal e se realizaram com o acompanhamento, de início com pouca intervenção, até um maior compromisso por parte das docentes a cargo do grupo.

O cenário é a classe e começou a construir *um entrelaçamento*, atividade conhecida, porém surpreendente justamente por fugir da rigidez dos
espaços dentro da mesma classe, incluir um objeto como a lã e, em especial,
a surpresa que disparou a intervenção do grupo.

Seguiu a reflexão e outra vez os caminhos...

Deu-se continuidade com um trabalho sobre os direitos das crianças e
a nova lei que os ampara. Direitos e deveres de quem, para quem, como, onde,
perguntas com poucas respostas, porém com muita incidência exatamente na
construção da identidade. O positivo se inscreve em inícios de reflexão e de
posicionamento das problemáticas. Perguntas como se o direito da saúde, a
educação, e a proteção familiar se complementaram, ficaram flutuando e foram
motivo de análise, assim como palavras como despotismo, cuidados parentais,
teoria, prática, palestras, infância, idade adulta, estado, alimentação, desnutri-
ção, analfabetismo e muito mais incluídos nesse texto tão **"desejado de ser
realidade".** Os Mapas individuais em papel se misturaram com a impressão da
narrativa, explicitam dificuldades, diferenças, impedimentos das relações vinculares interpessoais, intrapessoais e transpessoais. Despejaram na lousa cartazes,
cadernos e pastas entre um jogo do efêmero e do permanente. Se infiltraram
na biblioteca a disfrutar da leitura, com a docente encarregada, de poemas de
Pablo Neruda, que para surpresa foram escutados em silêncio e revalorizaram
nas expressões vertidas em tentativas de poemas... pequenos ou imensos?

Realizou-se uma atividade grupal sobre a diversidade e a inclusão
de um trabalho com reconstrução da identidade de imagens de diferentes
culturas com as técnicas plásticas, a continuação com o reforço de máscaras
com materiais descartáveis. Ainda fica o desafio da possibilidade do trabalho
com barro frio, de construção de mapas individuais e grupais.

Na segunda metade do ano, e com o pedido da direção de que o
trabalho seja coordenado pela docente com apoio da equipe, permitiu-se
o avanço do compromisso institucional e um novo desafio.

Mapas iniciados... geográficos, familiares, genealógicos, construtivos,
identitários, institucionais: definitivamente múltiplos caminhos a recorrer.

Os Mapas dentro do Mapa

Reflexões

Os eixos que foram questionamentos possíveis especialmente para
poder encontrar direções à observação foram: as frestas em curso, desafio do
estabelecido, pontos de contato com a tarefa, elementos de reflexão, inclu-

são da diversidade, valorização do diferente, verdadeiro alcance da função educativa. A inclusão de pensar uma realidade com critérios abertos, para repensar os impedimentos, para delimitar e assim limitar as possibilidades do **"não poder"** e encontrar, então, outros pontos referenciais. Desde esse pedido institucional do **"Mapa de risco"**, se iniciou o percurso. A tentativa é de transformá-lo em um **"Mapa institucional"**, em que fiquem expostos os variados protagonistas com necessidade de reforçar um lugar, um espaço, um cenário; uma cartografia em que se vinculem a realidade com o dever ser do docente e do aluno; em que estejam contidas possibilidades reais de uma aprendizagem pedagógica significativa, forjada num território estendido na busca de fresas de inserção dos sujeitos incluídos (docentes, alunos, pais), buscando a possibilidade de uma educação ancorada em processos de transmissão de uma forte revalorização dos patrimônios plurais da cultura.

O corpo, esse ausente relegado às aulas de Educação Física e práticas de esportes, fica plasmado na reconstrução de vivencias vinculadas às possibilidades expressivas com diferentes aproximações a técnicas criativas. A palavra se revaloriza, se torna **"corpo"**, possível de ocupar um espaço de relevância e de referência, para a construção de um lugar inserido na realidade e alcançar **"ser"**, para além da expressão excludente da pobreza.

Bibliografia

AGAMBEN, G. *Profanaciones*. Editorial Adriana Hidalgo, 2005.

AGAMBEN, G. *Infancia e Historia*. Editorial Adriana Hidalgo, 2007.

BRUNER, J. *Desarrollo cognitivo y educación selección de textos de Jesús Palacios*. Madri: Editorial Morata, 1988.

BUCHBINDER, M. *Poética de la cura*. Editorial Letra Viva, 2001.

DIAZ BARRIGA, A. *Didactica y currículo*. Mexico: Editorial Nuevomar, 1984.

FERNANDEZ, A. La dimensión institucional de los grupos. *Revista Grupal*. Buenos Aires, n. 7, 1999.

FREIRE, P. *Pedagogia del oprimido*. Editorial Siglo XXI, 1970.

GIMENO SACRISTAN, J. *Teoría de la enseñanza y desarrollo del currículo*. Madri: Editorial Anaya, 1986.

HANG, R. et al. *Nivel inicial Aportes para uma didáctica*. El Ateneo, 1996.

LAPIERRE, A.; ACOTURIER, B. *Simbología del Movimiento*. Editorial Científico Médica, 1978.

MEDINA, J. *El malestar em la pedagogia:* el acto de educar desde otra identidad docente. Buenos Aires: Editorial Noveduc, 2006.

MATOSO, E. *El cuerpo território escénico*. Editorial Paidós Técnicas y Lenguajes Corporales, 1992.

MATOSO, E. *El cuerpo território de la imagen*. Editorial Letra Viva. 2003.

SCHEINES, G. *Los juegos da la vida cotidiana*. Editorial EUDEBA. 1985.

WINNICOTT, D. W. *Realidad y juego*. Buenos Aires: Editorial Granica, 1983.

O MAPA E O VAZIO

Carlos Trosman[107]

Cartografar o Mapa

Desenhar **o** corpo, desenhar-**se** o corpo, desenhar **no** corpo.

Os saberes **do** corpo, os saberes **sobre** o corpo.

Todos sabemos sobre o corpo o que aprendemos na escola, e temos uma ideia muito vaga quando se trata do real. No entanto, pensamos que Sim, que sabemos do corpo, que há ossos, músculos e órgãos que têm mais ou menos este tamanho e fazem mais ou menos tal coisa. Ainda para os estudantes, para os profissionais, para "os que sabem", o corpo é uma representação: as dimensões estão aumentadas ou diminuídas, as localizações são inexatas, as funções aparecem recriadas.

Esse é o corpo. Esse é nosso corpo. Sem esta representação, sem este tour de imagens, meu corpo não seria eu.

Ainda assim, quando me vejo no espelho, quando **Eu** me vejo no espelho, algo de meu corpo que vejo não sou eu, o preparo, o maquio, o penteio, o visto e perfumo e o ponho em atitude e em cena, o caracterizo e o domestico até que eu e o corpo **sou**. *"O eu é antes de tudo um eu corporal"*, escreveu Sigmund Freud em *Introdução ao Narcisismo*.

O corpo é, então, um território desenhado e preparado para atuar no cenário social. Território que tem borda, como limite difuso, entre o fora e o dentro. Um lugar cotidiano, mas ao mesmo tempo mágico, mítico e transcendental. Uma geografia plena de rituais, ressonâncias, recantos e rizomas.

Cartografar este Novo Mundo que nunca terminamos de conhecer, que não deixa de surpreender-nos e ainda nos acompanha desde nosso princípio, é tarefa de valentes, (já que vida e morte estão atadas no corpo) ou, em todo caso, de artistas que buscam mergulhar no mistério existencial.

---

[107] Carlos Trosman é psicólogo social e operador em Psicologia Social. Diplomado em Psicodrama e Corporeidade. Assessor e colaborador de Kiné, a revista de Lo Corporal, desde 1996, Topia (Psicanalise e Cultura), e Campo Grupal, (seção fixa: "Corpografias"). Docente do EGB 1 e 2 de Educação Especial de Concordia, Entre Rios, nas matérias de Psicologia Social e Expressão Corporal e Musical, desde 1993. Membro fundador e ex-presidente da Associação Civil e do Movimento de Trabalhadores e Investigadores Corporais para a saúde (MoTrICS). Diretor e fundador da Escola de Shiatzu Kan Gen Ryu, desde 1992. Co-autor dos livros *Kine* (2004) e autor do livro *Corpografias* de próxima edição. carlostrosman@gmail.com.

Recordo, nos anos 70, um grupo de crianças jogando com a técnica de Pintura Rítmica Expressiva, desenhando suas silhuetas sobre um enorme papel e enchendo o vazio com giz de cera e tempera ao ritmo de uma música agradável e povoada de imagens.

Desenhos sem sentido, ou de múltiplos sentidos, de fábulas infantis, de descobrimentos cheios de coceira e cócegas, de risadas e prantos, de crescimento e juventude.

Também em Expressão Corporal trabalhávamos com silhuetas para estudar anatomia: primeiro fazíamos um exercício de sensopercepção e logo alguém se deitava e marcávamos seu contorno sobre o papel de cenografia. Depois desenhávamos os órgãos internos, os ossos e tudo o que podíamos lembrar. Desenhar tinha algo de mágico que nos permitia apropriarmo-nos da biologia, iludindo o sinistro da morte, realizando um ato de criação e construção em direção oposta ao corte e a cirurgia como desmembramento.

Cartografávamos um corpo que descobríamos fascinante.

O Mapa Fantasmático Corporal, desde minha ótica, é um procedimento artístico e terapêutico que mais que propor o caminho a seguir, mais que funcionar como um mapa preestabelecido que indica como chegar a algum lugar, encoraja o desafio de explorar os sentidos, as marcas e significados próprios do corpo, e cartografar e criar uma carta de navegação que nos é útil nesse momento, nessa situação, neste cruzamento de sentidos que o produziram, mas que de nenhum modo nos servirá para visitar os mesmos destinos nas próximas viagens. É o nome de um barco de mil formas que viaja territórios supostamente conhecidos por caminhos impensados, sugeridos apenas desde a orientação do silencio ou da música, da leitura de um poema ou do sopro do vento na janela.

A silhueta é criação vital e cenário do vivido e surpresa do ponto de vista no qual nos encontramos parados. A silhueta é território que cartografávamos como próprio, ainda ante a surpresa de interpretar como as imagens que vislumbrávamos nas partes do todo nos levam em direções diferentes das tomadas como certas, e aparecem derivadas insuspeitas das suspeitas e o sentido se volta num sem sentido com o que, sem dúvida, nos identificamos.

É a trama da complexidade, a construção na rede celular, uma rede celular de significados que se multiplicam transmitindo a vida e o sentido em cada pseudópode, saltando em frente nas direções possíveis, onde adiante é a direção que indica saltar, mas nunca uma localização geográfica do salto.

"Ninguém sabe o que pode um corpo" disse Baruj Spinoza, e creio que ninguém sabe o que pode a imagem do corpo, o desenho uma silhueta disparadora da potência criadora do desenho como que jogando com o barro original.

A Silhueta do Vazio: "Exilados e Desaparecidos"

PARTE I: História

Em 1983, a ditadura nos tinha golpeado fazendo desaparecer amigos, rompendo laços e afetos cotidianos paralisados pelo medo, embora o coração resistia com sua obsessão vital.

Com a ditadura também perdi o trabalho com as silhuetas como mapas do corpo tamanho natural. Foi quando participei da primeira "silhuetada" na Praça de Maio, em 21 de setembro de 1983. Este dia me deitei no piso sobre o papel de cenografia me fazendo de modelo para que pintassem meu contorno, e logo desenhando o contorno das silhuetas dos outros. Até aqui uma experiência conhecida. Depois colocávamos o nome de um desaparecido no peito da silhueta e pendurávamos nas grades da Casa do Governo, dos Ministérios e dos edifícios ao redor. "De pé porque não estão mortos", era a consigna. As silhuetas foram então mapas presentes na ausência da vida na morte. Eram "Mapas de Fantasmas".

A expressão do grito e a reclamação por justiça diante o coração arrancado.

Esta significação comovente deixou marcas em meu corpo e na minha história e por muito tempo não pude trabalhar com silhuetas tamanho real como mapas do corpo. Comecei a utilizar com meus alunos silhuetas pequenas em folhas tamanho A4.

Anos depois, nos anos 90, no Instituto de la Máscara[108], encontrei novamente este trabalho recriado: o "Mapa Fantasmático Corporal". As silhuetas mapas eram nós mesmos trabalhando com máscaras, com telas e disfarces, com cenografias e maquiagem. Partindo desde o silencio, ou de uma leitura, ou do som, para estimular nossos sentidos (na dupla concepção da palavra, como também em significados e percepções) nos deixávamos levar recorrendo uma passagem desde a própria história ao encena-la, do desenho onírico representativo das imagens e as fantasias do corpo, as cenas oníricas compartilhadas com outros sonhadores em movimento. Os "delírios

---

[108] Dirigido pela Lic. Elina Matoso e o Dr. Mario Buchbinder.

que combinam" (frase que escutei do Dr. Hernán Kesselman) produziam sentidos, cenas, reflexões, multiplicações, significados nos corpos que se vinculavam desde as cenas internas de cada um, formando cenas grupais com sentidos diferentes. Um todo surpreendente sempre muito maior que a soma das partes.

PARTE II: México

Tempos depois, já no século 21, comecei a viajar assiduamente ao México para trabalhar no Instituto Rio Aberto de México[109], e a reencontrar-me com amigos exilados e a encontrar-me. A história quebrada se reconstituía. Os laços, antes cotidianos, então tensionados quase a desaparecer, se faziam caminhos de ida e volta outra vez. A realidade mexicana, como a argentina, também estava marcada por desaparecimentos e exílios: desaparecimento de mulheres na fronteira norte e os milhares de mexicanos exilados ilegalmente nos Estados Unidos, executados pela pobreza e pela violência do narcotráfico.

Convidado em 2005 a participar do 2º Congresso de Artes, Ciências e Humanidades "O corpo decifrado"[110], recordei o trabalho de silhuetas e propus a oficina "O corpo da ausência: desaparecidos e exilados".

Amigos argentinos exilados há muitos anos e o público em geral participaram. A dinâmica começou com um aquecimento que incluiu um trabalho de sensopercepção: percorrer e reconhecer o espaço de trabalho, perceber a respiração, o peso e as tensões do corpo; sentir as "pegadas" a cada passo, o eixo da coluna em relação aos planos do piso(terra) e do teto (céu). Continuamos com música para favorecer o movimento expressivo, favorecendo um espaço e um clima favorável de trabalho. Então propus um encontro com o outro por meio da mirada, do som, do contato, do movimento e da dança compartilhada. Depois de um tempo, sugeri que cada um buscasse um lugar para a introspecção, e pensar que imagens apareceriam no nosso corpo em cada zona: nas solas dos pés, no eixo, em direção à terra, ao céu, nas áreas de contato, nas não tocadas, em outras. Enquanto isso, pus no piso papel de cenografia e giz de cera coloridos. Convidei a todos voltarem ao espaço comum e reunir-se espontanea-

---

[109] "Movimento e Transformação-Rio Abierto de México" a.c. dirigido pela Lic. Alicia Zappi.

[110] Organizado no México DF pela Divisão de Ciências Sociais e Humanidades da Universidade Autônoma Metropolitana Unidade Azcapozalco e o Colégio de Antropologia Social da Faculdade de Filosofia e Letras da Benemérita Universidade Autônoma de Puebla, sob a direção da Dr.ª Elza Muniz e pelo Dr.Mauricio List Reyes.

MAPA FANTASMÁTICO CORPORAL

mente nos grupos para desenharem silhuetas. Um grupo desenhou a uma mulher, e o outro a um homem; ambas figuras em atitude de movimento, com muita vitalidade.

A seguinte consigna foi literalmente *"desenhar o que tem dentro de cada um".*

Assim, num sentido amplo e ambíguo.

Se mesclaram ossos com sóis, corações com nuvens, pulmões com pássaros e pouco a pouco os desenhos foram saindo da margem da silhueta, do contorno, para ocupar o resto do espaço retangular do papel, estendendo a vida que emanava das silhuetas até o mundo externo, liberando pseudó-podes do conteúdo ao continente, criando vínculos com o contexto.

O trabalho concentrado, compartilhado, desfrutado, mantinha os corpos juntos, em movimento e formando uma trama em cada traço.

Terminados os desenhos, circulamos ao redor para observar as duas silhuetas a partir de distintos ângulos e para deixarmo-nos impregnar pelo sentido que cada rede de desenhos transmitia: identificar-se, descobrir, indagar, ver a parte e o conjunto, significar.

Então chegou a dor numa caixa com tesouras. O corte. A dor absurda, inexplicável, arbitrária de *"cortar as silhuetas pela borda"* (outra consigna ampla). "Qual é a borda? O da silhueta ou do desenho?

"Por que cortar, por onde?"

Cortaram lentamente, ou furiosamente, ou dolorosamente, mas pelas bordas das silhuetas, pela linha inicial, pelo contorno que marcava a fron-teira irreal e virtual do "dentro" e do "fora", pela pele, por um limite quase cirúrgico entre o continente e o conteúdo, havia silencio e consternação.

Me aproximei e retirei de um golpe as silhuetas recortadas e todos ficaram de cara no vazio, o espaço vazio delimitado pelo con-tinente cheio de coisas inacabadas, onde algum princípio e algum fim do desenho se perdia no nada, no buraco que ocupava a figura, no sem sentido, no abismo.

Trabalhamos a dor ante este desaparecimento, este corte em nossos continentes lacerados, este duelo da mão estendida para o nada.

Durante essa consternação de buracos no peito, enquanto comen-tavam sensações e desgraças, abraçadas em volta para embalar a dor, levei os buracos sigilosamente e preguei numa parede de espelho oculta atrás de uma cortina.

Quando abri as cortinas nos aproximamos para olhar, e cada um ao mirar encontrava com surpresa sua própria imagem ocupando o buraco. Deste modo, emprestava outros princípios e outros fins aos traços que iam e vinham do continente, outros significados.

No silencio do buraco, seu reflexo aparecia no desaparecido. Sentimos então que o buraco está também com o que olha, onde está e permaneceu como o continente, dilacerado. Houve intenção de abarcar o vazio com a imagem de seus próprios corpos e se resultou impossível ocupar todo este espaço gigantesco, ampliado pela dor e pelo tempo, pela superposição de corpos, figuras, desenhos e tesouras, e de imagens que não podiam ser contidas nestes marcos que correspondiam, finalmente, a outros corpos.

"Sempre sobrava vazio
e ainda cicatriz
era ponte
sobre vazio."[111]

Vãos impossíveis de preencher... a menos que reconheçamos a ausência como uma presença sempre atualizada, como o traço que se trama com lembranças e vivencias. Vazio que continua habitado pelo outro em nós e por nós desde o outro que não está e vive para nós como uma ausência presente.

Eu também palpava a borda de meu vazio ao coordenar uma oficina em que participavam exilados queridos, e ao recordar amigos desaparecidos desde o abraço vazio. Ainda apareciam lacunas profundas, como a de uma mulher que contou que havia perdido seu filho bebê, e que sentiu muito forte o trabalho de produção e corte, que ao final e ao cabo fraternizou com todos sua dor e sua ausência.

Para finalizar, passei um vídeo[112] com material documental fotográfico do trabalho com silhuetas de desaparecidos na Plaza de Mayo (a famosa primeira Silhuetada) e cartazes em que se utilizaram as silhuetas, para que se compreendesse o sentido que havia tido este trabalho durante a ditadura militar na Argentina

---

[111] Haiku de estilo livre por Carlos Trosman.

[112] Agradeço a Laura Fernández por ter me facilitado este material.

PARTE III: Buenos Aires

No 6º Congresso Internacional de Saúde Mental e Direitos Humanos, organizado pela Associação Mães da Praça de Maio[113], senti a necessidade de "fechar o círculo como se voltara do exilio", e apresentei a oficina "A vida e a morte pintada nas silhuetas dos desaparecidos".

Montei o trabalho sobre a base do que apresentei no México, também com algumas variações. O público resultou ser mais jovem, com maioria absoluta de mulheres de distintas províncias da Argentina e de vários países de América Latina: Chile, Uruguai, Brasil. Tinham em comum o fato de não terem vivido durante a ditadura, mas eram estudantes ou profissionais que participavam ativamente em favor dos Direitos Humanos. No final, assistiram duas mulheres mais velhas que tinham perdido seus filhos durante o processo e participaram do fechamento do trabalho.

Fui adaptando o trabalho em função de diferentes inscrições históricas dos participantes: além do momento de trabalho senso perceptivo para criar o clima adequado, inclui rodadas de mãos dadas, fechando as fileiras em direção ao centro e depois se afastando, até encontrar a distância necessária para marcar o espaço de trabalho. Concluímos esta etapa com rodas de massagem nos ombros e pescoço: contato corporal reconfortante e amigável.

Como no México, se repetiram os momentos de introspeção para buscar imagens no corpo e de produção das silhuetas em dois grupos. Mas em Buenos Aires, o peso do significado silhueta-desaparecido, gerou muita resistência para que tivesse alguém disponível como modelo. Inclusive num dos casos tivemos que contar com a colaboração de uma assistente extra grupal, que se deitou no piso para ser desenhada.

Quando completaram a silhueta com "o que há dentro do corpo", também se estenderam fora do contorno, mas enchendo absolutamente todo o papel, gerando um extenso continente ao redor de cada silhueta.

No momento do corte apareceu o inesperado, a surpresa, já que ambos os grupos resgataram exclusivamente as silhuetas, descartando o marco-continente ao que cortaram em múltiplas partes. Isto provocou que desaparecesse o vazio na destruição, enquanto os restos se apilhavam misturados no canto. Tive que mudar a consigna e propor construir os marcos das silhuetas juntando os pedaços tirados no "ossuário comum" e

---

[113] Foi realizado em Buenos Aires entre 15 e 18 de novembro de 2007.

armando cada quebra cabeças com fita. Quase um trabalho de reconstrução como o que realiza a equipe argentina de Antropologia Forense, que tem recuperado os corpos dos muitos desaparecidos não somente na Argentina, mas em muitos outros países do mundo.

Somente então pude colocar os buracos sobre os espelhos.

Desta vez elegi trabalhar com a imagem difusa, utilizando de dois espelhos diferentes. Um estava formado por vários espelhos planos onde o reflexo do observador aparecia fragmentado, como um mosaico caleidoscópio. O outro era um painel de celuloide prata, com uma leve curva, onde a imagem refletida parecia um fantasma distorcido.

Buscando um código em comum com os participantes, utilizei um recurso do carnaval: **a procissão.** Se organizavam em filas, uma de frente a cada espelho, e passavam de um a um para serem refletidos, ora em uma fila, ora em outra. Logo voltavam a fazer a fila para refletir-se novamente mudando de atitude e o ângulo da mirada. No lugar de ser uma procissão de disfarçados, a deformidade aparecia na imagem refletida, já que se transitava por um ou outro espelho e no imediatismo de cada encontro com estas imagens incompletas, fragmentadas (como as lembranças) se disparavam sensações diferentes, evocações diferentes. Foi assim até produzir-se uma multiplicação de imagens suficientes como para encontrar algum significado próprio nestes reflexos.

Apesar do drama, a cena revelava um alto conteúdo expressivo, ritual e artístico.

No México, teve um peso maior o corte: o ato de cortar e o vazio se sentia na própria carne. Se reeditava a dor e a perda.

Em Buenos Aires a energia se concentrou na Procissão e na multiplicação de reflexos. O contesto não importava. Importava o projeto.

Claramente eram duas gerações: os primeiros sofriam com o corte e a ausência, os desaparecimentos e os exilados nos desapareceram e exilaram em certa medida a todos: texto e contexto foram afetados. Os outros, mais jovens, multiplicaram os sentidos, recriaram sobre a história, juntando os pedaços, foram mais adiante e construíram trama desde a memória que estes espaços lhes prestaram.

Quando encerrei a oficina comentei minha ideia de fechar o círculo voltando do exílio, me contestaram: *"o círculo não se fecha, se multiplica e se abre até o futuro porque a luta continua".*

A pegada
Cada pegada (cada impressão digital) que deixamos pode semear um caminho

No trabalho de silhuetas que descrevo, sentimos a pegada que o ausente deixou em nós. Também, ao propor este trabalho, deixo uma marca em quem participa. Uma pegada que por outra vez é um buraco, um espaço de construção, já que se constrói nos buracos e o movimento necessita espaços para se desenvolver. Uma pegada com nenhum significado forçado, sem sentidos impostos. Uma marca significante com significados a descobrir.

O Mapa Fantasmático Corporal funciona como tela de projeção de sem sentidos que adquirem sentido e vice-versa. Está em construção permanente. Se retomamos as silhuetas ou os buracos, ou outros os retomam, o trabalho de sem sentido e de multiplicação de imagens continua porque a rede humana é cultural e a qualquer ponto de partida é rede, e uma trama se abre até outros significados sempre em construção. As certezas não são significados tangíveis, mas sim direções dentro de um mar de dúvidas, rotas através de nós da rede que fazem sentido naquele preciso momento. Por isso, ao olharmos para trás, vemos uma rota que talvez não víamos antes e quem sabe se veremos depois, quando escolhemos (se podemos usar este termo) ou transitados por outras trilhas de nós significantes.

Cada evocação da história a constrói, porque ata nós entre diferentes pontos da rede de acordo com nossa posição no mundo e na rede no momento da evocação.

O mesmo se sucede com o Mapa, que é cartografado cada vez que se é montado como história na perspectiva do momento e ainda assim, desde lugar em transformação, nos serve para chegar ao destino: a indagação de nossos vínculos inter e intrassubjetivos e as relações na rede.

"Seguir adiante" é por sua vez um ato individual e grupal e não implica uma direção — embora seja uma direcionalidade —, eu digo um sentido (e provavelmente um sentimento): mover-se o vazio construindo outra ponte, outro nó na rede. Transitar e criar um território pleno de cenas. Aquilo que para nós terá significado.

Oficina "O corpo da ausência" Mapa Fantasmático Corporal. Congresso de Saúde Mental e Direitos Humanos. Associação Mães da Praça de Maio. Buenos Aires, 2007.

Desenhando a silhueta

O que tem dentro

Recortando a silhueta

Reconstruindo o vazio

Procissão de imagens

Ocupando o vazio

Bibliografia

ALEXANDER, G. *La eutonia*. Barcelona: Editorial Paidós, 1983.

CARPINTERO, E. *La alegria de lo necessário*. Las pasiones y el poder em Spinoza y Freud. 2. ed. Buenos Aires: Editorial Topia, 2007.

CASTORIADES, C. *Los domínios del hombre, las encrucijadas del labirinto*. Espanha: Editorial Gedisa, 1998.

LE BRETON, D. *La sociologia del cuerpo*. Buenos Aires: Ediciones Nova Vision, 2002.

FREUD, S. Introducion del Narcisismo. [1914]. *In:* SOBRENOME, N. *Obras completas, Tomo VI*. Madri: Biblioteca Nueva, 1983.

JASINER, G. *Coordenando grupos*. Buenos Aires: Lugar Editorial, 2007.

KESSELMAN, H.; PAVLOVSKY, E. *La multiplicação dramática*. Buenos Aires: Ediciones Ayllu, 1989.

MATOSO, E. *El cuerpo território escenico*, Buenos Aires: Editorial Paidós, 1992. Editora Letra Viva, 2001.

O MAPA FANTASMÁTICO INSTITUCIONAL (MFI)

Mgster. Luis Alberto Stoppiello[114]

I. Antecedentes

O Mapa Fantasmático Institucional (MFI) é uma versão derivada do Mapa Fantasmático Corporal[115] para ser utilizado em âmbitos institucionais. A ideia surgiu em 2006 e logo se oficializou ao ser publicado em 2007.[116]

Sua conceituação foi progressiva e a partir do entrecruzamento de distintas áreas de interesse: corpo, grupos e instituições. Isto me conduziu a ideia norteadora do MFI: a analogia entre instituição e corpo humano.

II. Base teórica

O esquema referencial do MFI inclui aportes de Buchbinder e Matoso (criadores do MFC), da Psicanálise, as problemáticas institucionais, o psico corporal e as abordagens grupais.

Diversos conceitos dessas teorias confluem para modelar o instrumento: corpo, imagem corporal, máscara (Instituto de la Máscara); Buchbinder, (1993, 2001) e Matoso, (1996, 1001); zona erógena, pulsão, fantasma (Psicanálise); dimensão manifesta e latente, tarefa explícita e implícita, Grupo Operativo (Pichon Riviere, 2005); ansiedades, defesa, instituição (Jaques, 1967).

---

[114] Luis Alberto Stoppiello é licenciado em Psicologia (UBA), professor universitário em Psicologia (UAI), especialista em Desenvolvimento Precoce Infantil (UNCu). Tem magistério em Coordenação de Grupos (Univ. de Bolonha, Itália), doutorando em Psicologia (UCES), é professor universitário (UBA, USAL, Barceló). Ministra cursos e semicursos no país e no estrangeiro. Autor de artigos e capítulos de livros publicados na Argentina, Peru e Itália. luistop@hotmail.com.

[115] Para o MFC, ver:
BUCHBINDER, M. *Poética del desenmascaramiento*, Buenos Aires: Planeta, 1993.
BUCHBINDER, M. *Poética de la cura*. Buenos Aires: Letra Viva-Instituto de la Máscara, 2001.
MATOSO, E. *El cuerpo, territorio escénico*. Paidós, 1996.
MATOSO, E. *El cuerpo, territorio de la imagen*. Buenos Aires: Letra Viva, 2001.
STOPPIELLO, L. La spazializzazione dell'immagine inconscia del corpo. *Revista della F.I.Sc.O.P.*. p. 79-80. Bolonia, Italia, 2005.
STOPPIELLO, L. Lectura corporal y operativa de um grupo institucional. *Revista Campo Grupal*, n. 106 ano 11.

[116] STOPPIELLO, L. El Mapa Fantasmático Institucional. *Revista Campo Grupal*, ano 9, n. 86, 2007.

III. O MFI

O MFI é um instrumento de trabalho em âmbitos institucionais para a detecção e revelação das distintas dimensões de funcionamento institucional e suas lógicas subjacentes.

Como no corpo humano, onde há uma convivência das partes que o compõem; na instituição também há uma convivência entre as partes intervenientes.

O particular desta convivência (nunca simples e harmônica) dá conta de uma dinâmica relacional que expressa "a dramática" da vida institucional.

O MFI tenta "corporizar" essa dramática e para isto apela para dois conceitos centrais: o "o Corpo Institucional" (CI) e o "Corpo Fantasmático Institucional" (CFI).

Os mesmos surgiram do entrecruzamento entre as ideias freudianas do corpo (organismo biológico e encarnação fantasmática), as pichonianas sobre as dimensões manifesta e latente e as de Jaques sobre a instituição.

Corpo Institucional

"Anatomia topográfica e fisiológica institucional": dependências físicas, mobiliários, objetos, organograma e tarefa explícita institucional.

O manifesto, formal e o instituído.

Desenvolvimento burocrático organizacional (cristalização de aspectos organizacionais).

A história oficial ("novela institucional").

Funciona predominantemente desde o racional, a capacidade de pensar, conter e ser contido.

Saturado de representações conscientes e pré conscientes.

Princípio de realidade.

Processo secundário, energia ligada.

Sustentado pela divisão de um espaço psíquico e comum majoritariamente diferenciado e integrado.

Produz "previsibilidade" (o conhecido).

Efeito ressegurador.

Corpo Fantasmático Institucional

Encarnação da fantasmática institucional.

Aborrece o equilíbrio dinâmico e econômico do Corpo Institucional.

Transcende a anatomia topográfica e fisiológica institucional (pode estar fortemente comprometida).

Subversão das ordens e funcionamentos.

Saturado de representações inconscientes.

O latente institucional.

Princípio de prazer.

Processo primário, energia livre.

Dimensão arcaica, desejo e tarefa implícita (institucional).

O instituinte.

Conta uma história distinta da oficial (às vezes nem a conta: aspectos não perspectiveis nem representáveis de origem institucional).

Se baseia mais no passional, que o torna "imprevisível" (o desconhecido).

Tendência ao ataque da capacidade de formar pensamentos e confusão das formações, os processos e os afetos de sentido (espaço psíquico comum indiferenciado).

Cria uma fragmentação da percepção.

O corpo Institucional (dimensão manifesta institucional) e o Corpo Fantasmático Institucional (dimensão latente institucional) coexistem e interatuam na instituição. O corpo Institucional serve de suporte e cenário para as fantasias inconscientes atuantes pelos agentes institucionais.

O tipo e grau de superposição entre CI e CFI permitem revelar uma maior e menos saturação fantasmática na instituição e individuar seus efeitos: a maior superposição ou concordância entre os dois corpos, se corresponde um maior "estado de saúde institucional" e a maior cisão de discordância, um "estado de disfunção institucional".

Quando a discordância entre Corpo Institucional e Corpo Fantasmático Institucional é notável, o CI se converte no sintoma por meio do qual se expressão o CFI.

Ambas dimensões representam distintos níveis de funcionamento institucional e são sustentadas por lógicas subjacentes diferentes (Consciente, Pré-consciente e Inconsciente) produtoras, por sua vez, de sintomatologia institucional.

IV. Aplicação do MFI

Caso A: Associação de serviços socio-sanitários

O pessoal da instituição tem alta incidência de somatizações.

Há três níveis: Grupo Dirigente (GD), Técnicos (GT) e Operadores (GO)

1.º nível: Presidência e Conselho de Administração eleito pelos associados, uma das funções é eleger o presidente.

2.º nível: responsável do setor (educação, incapacidade, terceira idade, psiquiatria e adolescência) e de atividades (desenvolvidas em casa de saúde, assistência domiciliar, centros para incapacidade e maternos.

Intermediários entre 1º e 3º nível.

3.º nível: Operadores.

Partindo da analogia entre instituição e corpo, seguindo uma lógica anatômica, o Corpo Institucional seria:

Cabeça e cara: Conselho de Administração e Presidência.

Tronco e órgãos: Grupo Técnico.

Membros superiores e inferior: Grupo Operadores.

Os Operadores são "os que fazem". Trabalham com os usuários e conhecem seus problemas. Representam o contato com a realidade, pois, à medida que se ascende na escala hierárquica, as pessoas têm menos contato com os usuários devido as suas funções (organizações e de estratégias político-institucionais).

Há uma desconexão progressiva entre as pessoas e as situações reais, o vínculo concreto com a realidade institucional se transforma em "virtual e burocrático" (o formal e o instituído).

O Grupo Dirigente percebe o GO como vago, desmotivado e ineficiente, sem um verdadeiro compromisso com a instituição e os usuários. O GT é percebido como ineficiente para conectar com os outros níveis e transmitir a informação real, mais adiante de suas tarefas técnicas.

O Grupo Técnico percebe o GD como uma ilha, sem contato com a realidade institucional.

As estratégias propostas têm que se relacionar com o político e a estratégia-institucional. O GO é percebido em modo semelhante ao GD.

O Grupo Operadores percebe o GD como o percebe o GT. Não se sentem escutados nem contidos pelo GT, tampouco lhes servem as soluções propostas-impostas pelos outros para seus problemas.

Os aspectos negativos persecutórios de cada grupo são projetados nos outros (mecanismos de depósito, Pichon Riviere) e quem delega depois se sente privado, roubado e atacado.

Os mecanismos defensivos fazem com que o que é delegado seja vivido como subtraído e isto quebra a confiança, por consequência se intercambia menos.

O depositário se converte em ladrão que recebe, mas não dá o que dá, por projeção, é vivido como negativo, mal ou não funciona.

O vazio criado será "preenchido" com informações deformadas da realidade institucional. Frente ao que falta de informação concreta, o inter-jogo de projeções cria conteúdos fantasmáticos que circulam por meio dos dados econômicos e administrativos.

Os grupos formam uma estrutura triangular e interatuam como um sistema.

Dessa triangulação se gera uma dinâmica que provoca insatisfação, frustração e desconfiança. Esse estado se expande e se generaliza, recorrendo de modo transversal a instituição. Na base estão os mecanismos de depósito transversal, cisão, projeção e ansiedade persecutória.

Analogamente para o sangue e linfa que circulam no interior do corpo e que as vezes sofrem um déficit, se bloqueia seus fluxos ou podem ser substituídos por outros fluxos; o mesmo pode suceder com a informação do Corpo Institucional.

Às vezes a informação real não chega, se bloqueia ou é substituída por informações deformadas (conteúdo fantasmático institucional) outras, chegam somente dados administrativos e/ou econômicos, mas não os que permitem entender a situação concreta na sua complexidade ou uma alternativa para um problema.

Os grupos entram em conflito, se enfrentam e se sentem reciprocamente perseguidos. O corpo Institucional se fragmenta e cada fragmento se isola do resto do CI. O funcionamento institucional é cada vez mais cindido (funcionamento psicótico).

O segundo nível entra em crise ao não dispor de dados concretos aportados para o Grupo Operadores, já que subtraem e restringem parte das informações. Os técnicos não têm, em consequência, dados suficientes e exaustivos para transmitir. Deste modo se ativa o processo de deformação fantasmática, do qual acusará recebido o Grupo Dirigente. Neste ponto, a instituição entra numa dinâmica de conflito permanente (compulsão de repetição).

Esta dinâmica disfuncional se encarna no sintoma institucional: uma pessoa ou grupo se converte em bode expiatório da instituição e o conflito se expressa por meio do *acting*, que assume várias formas:

- Sofrer *burn-out* (crises do pessoal).
- Renunciar ao trabalho com *turn-over* de pessoal (crise do serviço).
- Promover alianças e criar novos bodes expiatórios (crise da instituição).

A única alternativa é produzir e reproduzir patologia institucional? Haveria outra possibilidade se na instituição se criassem as condições e dispositivos para promover processos de mudança.

O Grupo Operadores poderia operar como precursor da mudança: eles estão em contato com os usuários e conhecem seus problemas e necessidades.

Analogamente ao sistema nervoso, os Operadores (órgãos receptores periféricos) captam a informação do exterior, mas depois, como uma sinapse falida, não conseguem transmitir "o impulso informativo" para os outros grupos.

Se pudessem refletir de modo crítico sobre seus problemas (capacidade de pensamento operativo), criar alternativas e recursos adequados, serem escutados e tomados em consideração por outros grupos, então poderiam funcionar como "outro cérebro" na instituição (membros pensantes do corpo institucional).

Quem ocupa a função de "cabeça" do CI será aquele que consegue transformar o mal-estar próprio e/ou compartilhado numa demanda que, como estímulo, contribua para provocar um processo de mudança que envolva a todos os agentes institucionais.

Sem esta alternativa à compulsão de repetição os empregados não poderiam mais repetir os mecanismos que têm levado a crises e ao sintoma.

Se as alternativas expostas (*turn-over*, *burn-out* e novas alianças) levam as pessoas para a enfermidade, a quarta alternativa leva a saúde.

Quando os outros membros somatizam, os Operadores do terceiro nível têm ao menos duas alternativas: somatizar (enfermidade) ou promover mudanças (saúde).

MAPA FANTASMÁTICO CORPORAL

Criar dispositivos para a mudança institucional significa criar um espaço de compartilhamento, comunicação, formação e atualização: o grupo é um dispositivo adequado a estes objetivos.

Caso B: Centro residencial

O grupo trabalha num centro residencial para descapacitados e enfermos mentais adultos que formam parte de uma cooperativa sócio sanitária de uma província do norte da Itália.

Ao incorporar-se Sonia, nova coordenadora com formação universitária inerente ao cargo, vários operadores trabalhavam no lugar (pessoas antigas com experiência, mas sem formação profissional).

Sonia faz aliança com o grupo e juntos colaboram para reorganizar a instituição e promover mudanças.

A chegada de novos residentes obriga a incorporar pessoal e logo após uns meses contratam mais operadores, gente jovem com estudos profissionais de acordo a tarefa, mas com pouca ou nula experiência trabalhista.

Em pouco tempo, Sonia sela um pacto com eles, vivenciado pelo primeiro grupo como uma traição. A dinâmica institucional muda e se trabalha num clima de tensão e mal-estar.

Transcorridos alguns meses, a coordenadora designa a Eleonora (uma das novas operadoras) como vice-coordenadora. Isto é decidido unilateralmente por Sonia, sem prévia consulta e nem autorização da cooperativa, gerando um grande desconforto entre os operadores.

Em pouco tempo, Sonia se alia com a vice-coordenadora. Trabalham juntas, se consultam e se apoiam o tempo todo. Mantêm compridas reuniões e se consolam pelos problemas do trabalho e tenso clima institucional.

Sonia se apoia em sua colega, se resguarda nela e com o tempo muitas atividades ficam por responsabilidade de Eleonora, que se destaca como uma pessoa ativa e com iniciativa. Se preocupa com a equipe e dedica horas extras a permanecer no trabalho. Seu novo papel se absorve completamente; pondo "corpo e alma" em cada situação.

Ao final de alguns meses de intensa atividade laboral nestas condições, Eleonora sofre uma crise de psoríase.

Para abordar a situação, apelarei a uma dupla leitura: desde o MFI e o Grupo Operativo. Doravante vou colocar a ênfase na articulação entre a encarnação fantasmática institucional e sua relação com a resolução da tarefa.

Como no primeiro caso, não incluirei ao grupo de usuários para estreitar a analise, circunscrevendo-me a interação entre operadores, sabendo que parcializo a rede vincular institucional. Creio que é igualmente válido aos fins de ilustrar a modalidade de trabalho com o MFI.

Minha primeira associação foi com as *matrioshkas* (bonecas russas que encaixam seu corpo no interior de outro). Também pensei, a partir de inclusões recíprocas, em corpos que se convertem na pele dos outros.

Começando desde o núcleo até o interior, imaginei quatro corpos que se incluíam mutuamente;

1.º corpo: Sonia, coordenadora.

2.º corpo: Eleonora, coordenadora.

3.º corpo: Grupo de operadores composto por dois hemicorpos (os velhos e os novos operadores).

Estes três corpos encarnam o Corpo Institucional do centro. Apesar de o CI incluir os hemicorpos dos operadores, desde o Corpo Fantasmático Institucional não é assim, pois nos fatos do hemicorpo dos antigos operadores está excluído do mesmo, a partir das alianças de Sonia com os novos operadores e com a vice-coordenadora.

4º corpo: cooperativa a qual forma parte da residência. Este grande CI é o mais visível e externo e também inclui os três corpos anteriores (CI da residência) e as outras instituições que conformam a cooperativa.

Encontro sintonia entre minhas associações e a analogia que Matoso (2001) apresenta sobre "grupo como um corpo de pele ampliada" para explicar as redes complexas que constituem o grupo, a filiação, os códigos compartilhados, as identificações, as linguagens e as gestualidades, quer dizer, o corpo da ilusão da completude.

Esta ideia também se relaciona com os conceitos de Anzieu sobre o Eu-pele, a envoltura psíquica e sua extensão de âmbito grupal com a criação do termo Pele Psíquica Grupal.[117]

Esta pele coletiva compreende a do casal, da família e dos grupos em geral. Seu objetivo é a coesão de seus membros a partir de um feixe direcional de pensamento e/ou de ação. Pertence à ordem do imaginário e contribui com contenção, para-excitação, significado, consensualidade, individuação, energização e a sexualidade.

---

[117] Textos de D. Anzieu relacionados: *Le moi-peau, Dunod, Paris* (1985), *Introduzione allo studio dele funzioni dell'Io- pelle nessa coppia (1993) (s/d) e L'Io-pelle gruppale e familiare (1996)* (s/d).

A autora, a partir de uma perspectiva sócio-histórica, demonstra a mudança de significado do grupo como pele ampliada. Se antes o grupo era um lugar protetor, de contenção, fechado, garantia da ilusão de completude, desde alguns anos (a partir das mudanças sociais, a globalização, a individualização e a massificação) o "presente faz com que os grupos não constituam uma pele tão consistente, quer dizer, a consistência está em como esta pele permite ser atravessada permanentemente pelo afora e como não se "rompe" exposta a sua elasticidade, já que o grupo deixou de ser o único refúgio, é outro lugar que deve ser preservado do desequilíbrio, das exigências, das crises pessoais, dos conflitos laborais etc.

Os grupos constroem hoje seu pertencimento com a constante intromissão do externo, segundo Matoso (2001).

Voltando aos atores institucionais, parecia que mediante um pacto coletivo inconsciente alguns funcionassem como pele protetora de outros:

Sonia tem a Eleonora como pele protetora.

Sonia e Eleonora têm o Grupo Operadores (especificamente os novos operadores) como pele protetora.

A coordenadora, a vice-coordenadora e o GO têm um corpo institucional do centro como pele protetora.

O CI tem o Grande CI (cooperativa) como pele protetora, mas algo não funciona bem, as inclusões recíprocas não garantem uma completa imunidade contra o mal-estar institucional.

Outra função da pele, a de intercâmbio entre o mundo interno e externo (e vice versa), tampouco parece funcionar de todo bem: em algum ponto o intercâmbio se bloqueia, o que deveria circular se prende e como água que não corre, apodrece.

O mal-estar que não se expressa simbolicamente e não pode metaforizar-se degenera num processo tóxico, e o único modo de descarregar esta toxidade sem processar é por meio do corpo (psoríase de Eleonora).

Todas as ações do grupo estão focalizadas na pré-tarefa (como anti--tarefa), quer dizer, nas técnicas defensivas do grupo para não se confrontar com a tarefa a partir da ativação das ansiedades básicas (momento de resistência do grupo).

Algo opera como obstáculo epistemofílico que não permite ao grupo realizar uma leitura e aprendizagem da realidade. As características esquizoides dos mecanismos defensivos em jogo são acordes com a primeira posição de Klein.

A ativação da ansiedade paranoide se encarna no grupo (e sub grupos) por meio dos fantasmas de um ataque: o equilíbrio existente está em perigo e todo o grupo se põe em guarda mediante um acordo implícito (alianças) com proteções mútuas e inclusões reciprocas em que alguns se tomam pele protetora para outros.

As alianças se encadeiam e os atores institucionais ficam "acorrentados", apanhados em um acontecer grupal produtor de toxidade que tentam resolver-se patogenicamente por meio da enfermidade de um de seus membros.

Desde os processos de adjudicação e assunção de papeis, Eleonora, na qualidade de porta voz do grupo, denuncia este acontecer grupal. O sistema imunitário de auto defesa do grupo institucional termina finalmente ingerindo a seus protegidos (processo auto imune do grupo institucional?).

O grupo divide e projeta aspectos positivos e negativos de objetos parciais; dissocia a capacidade de pensar, sentir e fazer; os aspectos manifestos e latentes não se integram e não há possibilidade de *insight*. O conteúdo latente da fantasia grupal (defender-se uns com os outros segundo o subgrupo que se trata), obstaculiza a resolução da tarefa.

Se a tarefa explícita é a cura, eles levarão ao pé da letra, e desde o implícito terão direcionado para si mesmos: é o próprio grupo o objeto ao qual dirigem as tentativas (falidas) de cura.

Se o grupo alcança gerar as condições para uma aprendizagem (entendida como apropriação instrumental da realidade para modifica-la), se puder confrontar com o fantasma que encarna e elaborar a ansiedade de base paranoide e chegar a desarticular o funcionamento estereotipado dos papéis, sua consequência (respostas adequadas e coerentes a respeito as exigências do ambiente), levaria então a uma adaptação ativa da realidade, com a elaboração do mal-estar que o aflige, apostando na mudança e resolução da tarefa.

Comentários sobre os casos

As apresentações pretendem exemplificar o uso do Mapa Fantasmático Institucional como instrumento de diagnóstico e prognóstico inicial em âmbitos institucionais.

Em ambos é deixado de lado um grupo fundamental que interatua com os outros grupos: o dos Usuários. Eu fiz para simplificar didaticamente a aplicação do MFI, pois sou consciente que parcializei e reduzi a complexidade da realidade institucional e sua análise.

Comecei a partir de uma leitura significante dos emergentes institucionais para depois representa-los graficamente por meio da analogia entre instituição e corpo humano.

Delimitaram-se as figuras resultantes:

No caso A se reconhecem três corpos.

O primeiro representa o Corpo Institucional.

O segundo metaforiza o Corpo Fantasmático Institucional (imagem inconsciente institucional): um corpo fragmentado pelas cisões na qual não chega o fluxo de informação para a cabeça (Corpo Institucional) mas no qual chegam conteúdos deformados pelos depósitos projetados por todos os grupos da instituição.

O terceiro representa o corpo do prognóstico institucional no qual alguns membros do CI desenvolvem uma capacidade de pensamento operativo e promovem, junto ao resto da instituição igualmente implicada, verdadeiros processos de mudança institucional (GO como agentes iniciais de mudança).

O sintoma institucional (corpo com cérebro que não recebe irrigação informativa real da instituição) é metaforizado a partir da construção de outro corpo (o do prognóstico).

No caso B, desde o núcleo e até o exterior se reconhecem quatro corpos:

1.º corpo: Coordenadora.

2.º corpo: Vice-coordenadora.

3.º corpo: Grupo Operadores (formado pelos hemicorpos dos velhos e novos operadores).

Estes três corpos, encarnam o CI do centro residencial.

4.º corpo: Cooperativa da qual, forma parte da residência. Este Grande Corpo Institucional é o mais visível, externo e periférico e inclui os três corpos anteriores (CI da residência) e as outras instituições que formam a Cooperativa.

V. Comentários finais

O Mapa Fantasmático Institucional está atravessando por um período de reflexão, construção e reconstrução. Está aberto e receptivo a comentários, críticas e sugestões para seguir crescendo. Como todo corpo (conceitual) está num processo constante de devir.

Essa modalidade de trabalho permite explorar a relação entre Corpo Institucional e Corpo Fantasmático Institucional, seus níveis de superposição, os conflitos entre um corpo e outro, as diferentes lógicas subjacentes e sua convivência mais ou menos harmônica.

Se apresenta como um instrumento versátil e com diversas finalidades aplicativas. Até o momento, individualizei cinco usos diferentes, mas complementares.

- Diagnósticos institucionais (Diagnóstico).

- Hipotetizar possíveis evoluções de processos institucionais (Prognóstico).

- Promover possíveis processos de comunicação, reflexão, elaboração e posto em marcha de mudanças institucionais (Terapêutico).

- Monitoria de processos institucionais (Controle).

- Técnica de trabalho em itinerários formativos (Didáticos).

Bibliografia

BUCHBINDER, M. *Poética del desenmascaramiento*, Buenos Aires: Planeta, 1993-2001.

BUCHBINDER, M. *Poetica de la cura*. Buenos Aires: Letra Viva e Instituto de la Máscara, 2008.

JAQUES, E.; MENZIES, I. *Los Sistemas sociales como defensa contra la ansiedade*. Buenos Aires: Hormé, 1967-1980.

KAËS, R. Realta psichica e sofferenza nele istituzioni. *In: L'istituzione e le istituzioni*. Roma: Borla, 1991.

MATOSO, E. *El cuerpo, território escénico*. Buenos Aires: Paidos, 1996.

P. DE QUIROGA, A. *Crisis, processos sociales, sujeto y grupo*. Buenos Aires: Ediciones Cinco, 1998.

PICHON-RIVIÈRE, E. *El processo grupal. Del psicoanalisis a la psicologia social* (1). Buenos Aires: Nueva Vision, 1985-2005.

STOPPIELLO, L. *El Mapa Fantasmático Institucional*. Obra. cit., 2007.

STOPPIELLO, L. *Lectura corporal y operativa de um grupo institucional*. Obra. cit., 2008.

PARA UMA SOCIOLOGIA DO CORPO: MAPAS CORPORAIS SUBJETIVO-SOCIAIS

Monica Groisman[118]

O corpo é a interfase entre o social e o individual, a natureza e a cultura, o psicológico e o simbólico.
(David Le Breton)

Corpo e Cultura: golpes sobre a carne

O propósito desse texto é comunicar uma conceitualização e um uso dos Mapas Corporais, que apontam a inclusão do contexto cultural, geográfico-político, do ambiente econômico e social em determinados momentos de um processo, quer seja terapêutico ou de formação profissional.

Os acontecimentos sociais que nos afetam questionam também nossa prática, impulsionando buscas tanto teóricas como clínicas que ajudem a dar conta das situações que ali se impõem.

A Psicanálise, o campo do Corporal, e a Sociologia, estão cursando por linhas diferentes e em tensão. Mesmo o campo do corporal, apesar da sua dispersão e variabilidade, se constitui como resposta e alternativa aos modelos impostos, ao mesmo tempo que as orientações expressivas e clínicas das técnicas corporais vem desenvolvendo uma orientação sociológica do corporal, que busca seu lugar entre os novos saberes relacionados com o corpo como fenômeno rico, ambíguo e sempre em multiplicação. David Le Breton inaugurou certa possibilidade de constituir os limites e alcances de tal orientação: *"Sem dúvida, a sociologia do corpo não é, como as demais, uma sociologia setorial; possui uma situação particular no campo das ciências sociais*

---

[118] Mónica Beatriz Groisman é licenciada em Sociologia (UBA), psicanalista (AEAPG), especialista em Técnicas Corporais. Membro da área "Pensando Winnicott" na AEAPG desde 2002. Grupo de estudo em Filosofia "Pensar com o corpo", coordenado por Nora Trosman desde 2005. Membro do grupo "Psicanálise em/entre Corpo Cena Máscara" com a coordenação de M. Buchbinder desde 2005. Assessora e colaboradora da Revista Kiné, a revista do corporal, desde 1992. Docente do Instituto de La Máscara na função de coordenadora de trabalho corporal expressivo e em outras oficinas e cursos desde 1997. Docente de IUNA em Psicopatologia na maestria em Dança Movimento Terapia desde 2008. Docente da Universidade de Maimónides nas carreiras e cursos de Especialização em Psicogerontologia desde 2004 até dias atuais. Colabora com diversas publicações com artigos sobre Corpo, Cultura e Psicanálise. Tem apresentado seus trabalhos clínicos em diferentes Congressos e Jornadas institucionais. momapalermo@gmail.com.

(como acontece com a sociologia da morte, pelas mesmas razões) um objeto como a corporeidade, relutante e compreensível com dificuldades, exige um enfoque particular, que seja apto para restituir sua complexidade. Se esta sociologia toma suas precauções epistemológicas usuais, rastreará um caminho diagonal a partir dos saberes constituídos ou a enunciar. O próprio investigador é o lugar do cruzamento. Como espelho de seu objeto de estudo, o constrói a mão, é em melhor sentido do termo, no sentido em que todo saber, ainda é mais rigoroso, é mais desdobrado, sempre é um trabalho manual teórico e realiza um intento de identificação provisória de seu objeto, exposto as reclamações das escolas e a grande obsolescência da história do pensamento. A sociologia aplicada ao corpo desenha um caminho que atravessa o continente das ciências sociais, permanentemente cruza outros campos epistemológicos (história, etnologia, psicologia, psicanálise, biologia, medicina etc.) frente aos quais afirma a especificidade de seus métodos e de seus instrumentos de pensamento. Sua análise pode dificilmente desdobrar-se sem um controle da influência que recebe destas disciplinas, sem mantê-las em seus respectivos níveis de pertinência, porque de outro modo corre-se o risco de diluir o objeto de estudo".[119]

No Instituto de La Mascara, consideramos que para abordar as problemáticas criadas pela contemporaneidade são necessários o corporal, as máscaras, a cena com a palavra, também um olhar sobre o social no corpo. Além das intervenções que o Instituto mantém em escolas, serviços de saúde e empresas, há dispositivos como a "Mascarada", que para além dos aspectos lúdico expressivos nos permitiu experiências de elaboração comunitária de sucessos traumáticos da história da Argentina. A possibilidade de dar imagem à palavra, cena e contexto ao não processado da história pessoal e social. A partir deste lugar investigamos aspectos sociológicos em relação a subjetividade e a corporeidade, e desde esta inquietação temos incluído a ideia de lhes dar representação por meio das "silhuetas", dos "planos" e dos "mapas".

Geografia e Identidade: os Mapas como Corpos

Podemos pensar que a geografia é um lugar da experiência corporal dos homens: esse cosmos que inclui uma geografia física, paisagem, climas, formas territoriais, presença de água, de luz e calor, um entorno de vida animal e vegetal; o que vemos, ouvimos e respiramos desse ambiente em que nos vinculamos.

---

[119] LE BRETON, D. *La sociologia del cuerpo*. Buenos Aires: Ediciones Nueva Visión, 2002.

MAPA FANTASMÁTICO CORPORAL

Como disse Richard Sennett: *"é evidente que as relações espaciais dos corpos humanos determinam em boa medida a maneira em que as pessoas reagem umas com respeito as outras, a forma como se veem e escutam, se tocam ou estão distantes"*.[120]

Por outro lado, também é evidente que já não fica quase uma verdadeira geografia "natural", de modo que toda ela está globalmente culturalizada, sendo cada vez mais território de políticas, neste sentido podemos dizer que hoje toda geografia é política, e especialmente biopolítica, já que toda geografia é social e implica distribuições e intervenções sobre os corpos. Ao mesmo tempo, as sensações físicas, as qualidades e intervalos dessas sensações são nomeadas por uma comunidade.... Que expressão encontram essas vivências, que representações produzem? A natureza é em si mesma parte de um real que nos impulsiona, que nos exige certo grau de representação, que pede respostas, explicações, teorias...

Essas representações são, para Castoriadis[121], os suportes de identidade sociocultural, produção e reprodução de imagens, contínua criação da auto representação. São representações imaginárias, que mantêm a coesão de uma sociedade, dando sentido e valor as vidas dos homens que a ela pertencem. São significativas, transmissíveis e recriáveis; também podem perder-se, debilitar-se, caminhar para a insignificância...

Muitas dessas representações imaginárias e coletivas se articulam com imagens corporais individuais, familiares, sociais.

A imagem do corpo é um lugar de luta de valores e sentidos diferentes, de desejos, de desenhos e de construção de subjetividade. Resgato as ideias de Bernard quando fala de um DUPLO SIMBOLISMO CORPORAL: *"[...] um centrípeto ou psicológico e, mais exatamente, psicanalítico, porque está endereçado a experiência libidinal do corpo humano; outro centrífugo ou sociológico, porque se remete a situação social que lhe dá sua significação. Em outros termos, se pode ler o simbolismo do corpo em dois sentidos: até a universalidade da libido ou até a particularidade da cultura. Agora bem, longe de se oporem, esses dois sentidos, estes dois vetores do simbolismo de nosso corpo se completam e ao mesmo tempo nos entregam a chave de sua realidade íntima, que precisamente e paradoxalmente reside em não ter uma realidade determinada. Com efeito, nosso corpo não se confunde nem com sua realidade biológica enquanto organismo vivo, nem com sua realidade imaginária, enquanto fantasma, nem com sua realidade social como configuração e prática da cultura. Nosso corpo é, de alguma maneira,*

---

[120] SENNETT, R. *Carne y Piedra*. Buenos Aires: Ed. Nueva Visión, 2001.

[121] CASTORIADIS, C. *El avance de la insignificância.*

mais ou menos que essas três coisas, na medida que é processo de constituição, de formação simbólica que subministra, por uma parte, a sociedade um meio de representar-se, de compreender-se e de trabalhar sobre ela mesma, e subministrar, por outra parte, ao indivíduo um meio de ir além da simples vida orgânica em virtude do objeto fantasma de seu desejo."[122]

Tenho denominado "Mapas corporais sociais" a certas formas de representação em que a imagem do corpo joga assintomaticamente com as representações imaginárias de um grupo ou de uma comunidade. Representações paralelas que não se cruzam, porém se aproximam, se ressignificam uma com a outra, permitem dar sentidos, ainda que sempre provisórios. Mapas corporais sociais subjetivos em uma linha de trabalho afim ao "mapa fantasmático" que desenvolveram Elina Matoso e Mario Buchbinder, porém utilizando outros suportes gráficos de início e de estímulo. Estes suportes gráficos são planos, mapas, croquis facilmente reconhecíveis como lugar de origem, pertencimento ou residência.

Têm em comum com a "silhueta" que seu significado é universal e suas referências consensuais. Sobre essas representações universalmente compartilhadas, permitem fazer visíveis imaginários particulares, que sejam individuais ou grupais. Fazem referência ao uso comum de um território, à distribuição de corpos em um espaço, à "habitação" como destino social de qualquer geografia. Permitem relevar como se veem e se percebem a si mesmos distintos grupos enlaçados por azar ou herança a uma geografia física que é, por sua vez, simbólica. Esses desenhos, Mapas corporais que chamei social subjetivos são intenções de enlaçar a imagem do corpo próprio com a produção social cultural e lhe outorgar palavra, forma, cor, figurabilidade.

Um mapa é um signo de pertencimento, sinal de significação. Lugar de encontro daquelas representações conscientes e inconscientes que fazem a imagem de nosso corpo com outras representações que têm a marca social, que são produto do trabalho que uma sociedade faz sobre seus grandes problemas a resolver, origem, modos de viver e produzir, inclusão-exclusão, projeção, limites, distribuição dos bens materiais e simbólicos etc. Um mapa pode ser a superfície onde o semelhante e o diferente se enfrentam.

Os mapas corporais-sociais falam tanto das imagens pessoais como das que temos do mundo que no rodeia, talvez por isso tendem frequentemente a aparecer os temas sexuais, filiais, de agressão e morte, de esperança e de

---

[122] BERNARD, M. *El cuerpo*. Buenos Aires: Paidós, 1997.

vida. Nos mapas, natureza e cultura dialogam, brigam, superpõe relevos, terras e águas, fronteiras que transpassam o físico. Deixando entrever os fantasmas da sociedade.

2001: os Mapas de outra Odisseia

Os padrões de tensão de um corpo podem se ver como a história congelada da pessoa: foram criados em situações de emergência e momentos traumáticos, e têm como efeito a limitação do movimento, a respiração e os sentimentos como únicas alternativas disponíveis quando a ação efetiva não é possível ou adequada.

Em condições normais, ao ceder a perturbação, o organismo pode abandonar esta posição de verdadeiro estresse e voltar a um funcionamento mais suave, rítmico e autônomo.[123]

Porém, o que acontece quando as situações de tensão se mantêm, viram crônicas, obrigando o corpo a permanecer em estado de alerta?

Os psicanalistas observam faz alguns anos o aumento do impacto nos corpos das formas novas de organização social e econômica. Na prática corporal se configuram um espaço onde se faz presente um corpo pressionado, exigido, demandado, com excesso de tensão. Também, corpos que tendem a se ver iguais, nos quais a diferença é vivida como perigosa e o outro é sempre seu rival.

Assim, nos grupos se observa um individualismo maior: se perde a capacidade de trabalhar com outros, há dificuldade para escutar.

Mesmo assim, há corpos em que a identidade perde consistência; corpos cansados, sem forças, deprimidos. Em oposição — mas não por isso "sadios" — estão os corpos hiper-informados, com excesso de conexões, mas pouco comunicados; corpos da virtualidade, do celular, da imagem, de estar no "plano" da novidade.

É um verdadeiro desafio pensar uma clínica que — o corpo e a palavra —ofereça um espaço de elaboração que transcenda as questões da história individual para incluir estas marcas da atualidade no corpo, em um âmbito propício para analisar os modos em que reagimos a estas novas tensões, possibilitar uma reparação do corpo, incrementar as energias para suportar um momento social e econômico tão difícil e gerar novas modalidades de defesa, mais criativas e potentes.

---

[123] LOWEN, A. *Bioenergética*. Editora Diana México, 1982.

Realizado em Buenos Aires como uma breve experiência de verão, em janeiro de 2001, com objetivos expressivos, esta oficina surgiu da palavra "blindagem", utilizada pelo governo argentino desse momento como parte de sua estratégia política-financeira.[124] No ambiente havia bronca, irritação, indignação: *"nos seguem endividando e o apresentam como salvação!"* Ressoavam no corpo sensações de reclusão, rigidez, isolamento associadas à ideia de blindagem; momentos de falta de energia e de desejos: a oficina se foi construindo como um espaço para investigar como impactam os acontecimentos sociais, que lugar e forma tomam nossa subjetividade, de que modo cada um "coloca" o corpo. Um espaço talvez, de sustentação e intercambio solidário para compartilhar, pelo menos, as dores sociais, políticas e econômicas.

As propostas de trabalho corporal trilharam um reconhecimento, registrando zonas de tensão, exercícios baseados na ideia "enraizamento" a partir da bioenergética como técnica que relaciona tônus, respiração e emoção com a capacidade de autossustentação. Propôs-se mapear estas experiências a partir da silhueta dada; utilizando recortes dos jornais das últimas semanas, cada um marcou zonas de tensão, lugares de impacto, dor ou fragilidade, elegendo as notícias e informações e as sensações que lhes produziam.

---

[124] O primeiro relato desta experiência foi publicado na *Revista Kiné, la revista de lo corporal*, nº 46, ano 2001, Ed. CM.

MAPA FANTASMÁTICO CORPORAL

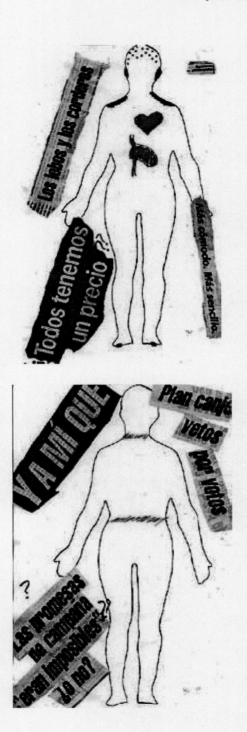

MAPA FANTASMÁTICO CORPORAL

As silhuetas foram atravessadas ou rodeadas pelas notícias, como uma superfície ameaçada, em que se estabeleciam relações de ataque e defesa. Alguns marcaram órgãos internos, ou caracterizaram a silhueta por gênero ou condição profissional. As zonas que apareceram como mais afetadas foram nomeadas como: pescoço, nuca, cervical, pés-pernas, tórax, coração, cabeça, aparelho circulatório, aparelho digestivo.

Vários participantes sinalizaram a diferença entre zonas de tensão reconhecidas como próprias, habituais, parte da história corporal pessoal, e aquelas que registram como novas zonas de conflito, relacionando-as com o estresse, a exigência e os obstáculos cotidianos: os temas recorrentes no grupo foram:

- As promessas eleitorais.
- A política econômica.
- Os ataques a dignidade cidadã.
- As mortes injustas, a violência urbana.
- A mercantilização da vida e o trabalho.
- A discriminação social.
- A onda de calor.
- O medo do desemprego.
- A globalização e a tecnologia por sobre a vida.

Em outro dos encontros programados, os participantes da oficina usaram o plano, a representação gráfica do país que vivem, como suporte e veículo de desejos, explicações, fantasias, protestos, processos de identificação e discriminação. O mapa da Argentina, sua imagem convencional e consensual, foi colocada em diversas coordenadas espaciais, transformada em gênero, associada a uma coluna dolorida, grávida ou jogando futebol, como uma República violada, dolorida e encolerizada, sonhando sonhos ou prostituída, com duas cabeças, olhando para diferentes direções etc. Alguns mapas expressam uma necessidade de cuidado e reparação, outros buscam caminhos para a ira, desejos de liberdade. Os gráficos foram sempre acompanhados de relatos, comentários verbais, esclarecimentos e reflexões realizadas dentro do grupo.

"A fiz jogando futebol, grávida e sonhando com um futuro melhor..".

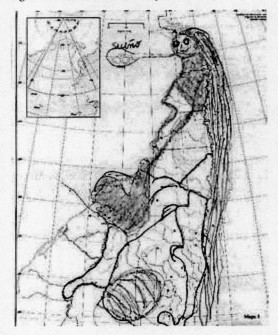

... a desenhei deitada e como a sua coluna fosse a cordilheira, porque é a zona que em mim sempre dói.

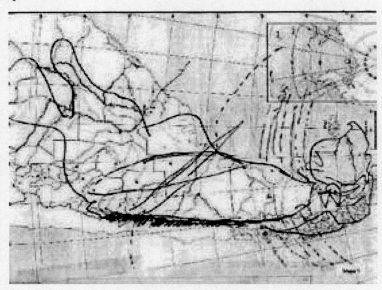

MAPA FANTASMÁTICO CORPORAL

...sentia muita bronca, muita dor..., porém está parindo...

Se é verdade — como afirma Castoriadis — que "a imaginação começa com a sensibilidade", é na corporeidade que podemos transformar a tensão em um momento frutífero de produção de novos sentidos, de pôr para circular as energias retidas; a tensão como resistência da vida e da alegria. No trabalho sustentado na trama do grupo pode-se estabelecer laços entre a própria história corporal e aspectos de uma identidade corporal social, pertencente a uma cultura compartilhada e os conflitos que nela habitam.

Mapas e Imaginários Culturais: o Mapa como recurso didático

Na carreira de coordenador de Trabalho Corporal do Instituto de La Máscara temos aplicado os trabalhos sobre mapas e silhuetas em vários grupos, com o objetivo de treinar o futuro profissional no uso desses gráficos e a metodologia a desenvolver.[125]

---
[125] Ver site: www.mascarainstituto.com.ar

Investigamos um dispositivo de trabalho corporal expressivo que compreende percepção, movimento, imagem, metáfora, palavra, mapeamento ou expressão plástica.

No módulo sobre "Corpo e cultura" do ano 2007, nos propusemos a recuperação de representações sociais referidas ao imaginário que constroem os alunos a respeito de sua geografia de origem. Este grupo tinha como característica a presença de vários alunos do interior do país e também de outros países latino-americanos e europeus, que cursavam a carreira no Instituto de La Máscara.

O trabalho com o mapa incluiu representações não somente da Argentina, mas também da América Latina e Europa, inclusive se ofereceram planisférios: por meio de consignas, perguntas e observações conduziu-se a tarefa em subgrupos, em que os alunos usaram os mapas como avaliação e encerramento do semestre.

Surgiram pontos de vistas diferentes sobre os mapas, formando figuras e sentidos menos codificados, com a possibilidade de mudar os referentes espaciais do olhar, acima, abaixo, direita, esquerda: "o mundo não é somente como nos mostram normalmente".

Elaboraram-se noções tais como semelhança e diversidade relacionando a proveniência de diversos países, idiomas, culturas, expectativas, ao mesmo tempo que unidos em um projeto comum, a profissão, e a necessidade de desenvolvê-la nas peculiaridades de cada região.

Ao mesmo tempo, apareceram aspectos corporais, relacionais e vínculos emocionais e afetivos que estabelecemos com o país de pertencimento, seu povo, seus governos. Os juízos de valor estabelecidos e recebidos, os costumes e hábitos vivenciados como "naturais", as crenças recebidas e transmitidas. Surgiu a pergunta pelas condições de possibilidade e a capacidade para produzir novas significações sociais. Isto permite e habilita os coordenadores de trabalho corporal expressivo, cênico a ensaiar sobre as potencialidades do fazer, de intervir sobre a realidade social na qual atuarão no futuro.

Os Mapas corporais subjetivo-sociais tanto individuais como grupais, são, portanto, em seus diferentes suportes materiais, um recurso de conceitualização na docência, uma intervenção no espaço de um grupo ou uma operação clínica que permite fazer elaborações subjetivantes numa psicoterapia psicanalítica. Podem ser tomados como um sonho grupal. São modos de fazer aparecer uma fantasmática em que se recriam aspectos do laço social, pesadelos ou sonhos compartilhados.

A OPERAÇÃO DE FAZER MAPAS

Patricia Mercado[126]

*Sempre se produz a violência
de um signo que nos obriga a
buscar, que nos arrebata a paz.
(Gilles Deleuze)*

A proposta foi elaborar grafias do próprio corpo (a partir da abordagem do Mapa Fantasmático Corporal)[127], numa unidade grupal de formação profissional, com intenção de constituir um espaço de semelhança com o outro, com alguém, um lugar de encontro, de proximidade indispensável a toda experiência de aprendizagem.

Como disse Gilles Deleuze *"o signo implica em si a heterogeneidade como relação. Nunca aprendemos atuando como alguém senão atuando com alguém, que não tem relação de semelhança com o que se aprende".[128]*

Diálogo na vitalidade que faça corpo, corpos, para nossos indecifráveis terrores e amores, para nossas necessidades e sonhos.

Porque o advento do corpo[129] é teia de diálogos inacabados com o outro, jogo de dar e receber no magma de significações sociais em que habita.

O jogo de compor semelhanças explora desvios no interior do gesto de devastação em que as práticas sociais atuais inscrevem os rituais de apagamento do corpo.[130]

Convida a ficcionar uma semelhança ali onde a cotidianidade o desvanece, rito da desconfiança em que a subjetividade parece reclusa.

---

[126] Patricia Mercado, Buenos Aires, 1962. é licenciada em Psicologia Social (Univ. Caece). Redatora da Revista Campo Grupal. Edita sua coluna "Tránsitos" desde 2009. Membro do Comitê de Redação da Revista Psicologia Social Hoje. Autora Dicionários de Equívocos (junto a Walter Vargas. Alcion.2004). Membro da Equipe Diretiva de Carreira Terciária Oficial Coordenadora de Trabalho Corporal no Instituto de La Mascara de 1997 a 2010. Docente universitária Cátedra Grupos II na Faculdade de Psicologia. UBA. Docente da Escola de Arte Terapia de Buenos Aires, diversas escolas de Psicologia Social, Tecnicatura do Trabalho Corporal etc. Dirige seminários, aulas e supervisões em Buenos Aires e no interior do país. patomercado2001@yahoo.com.ar.

[127] Investigação desenvolvida por Lic. Elina Matoso e Dr. Mario Buchbinder.

[128] Obra cit.

[129] MERCADO, P. Obra. cit.

[130] LE BRETON, D. Obra. cit.

O corpo é contágio, andaime de relações que esboçam a arquitetura de ficções de identidades indispensáveis a aventura de sobreviver.

Busca de atar e desatar o laço social como experiência de elaboração do desamparo cotidiano.

Alteridade que se tece e se destece como pegada dos próprios roteiros.

Fazer mapas com operação de assemelhar, de dar rosto, de assimilar, simular e semear no enigma de existir.[131]

A proposta de mapear o próprio corpo junto a outros, tenta, mais que representar um território prévio, gerar condições de possibilidade para a constituição mesma da grupalidade. Propõe um jogo de enlaces identificatórios, a estimulação de redes de conversação que sustentem a realidade de um projeto em comum.

Engenhoca na qual desenhar a fratria como referência no acontecer.

Um rio de peixes sonhando nascer

> *Uma gota de água poderosa basta para criar um mundo e para dissolver a noite.*
> *(Gastón Bachelard)*

O encontro foi na cidade de Corrientes, as margens do Paraná, durante 2008, dentro do marco do projeto de formação oficial de Operadores em Psicologia Social.

A proposta foi trabalhar no treinamento teórico vivencial do grupo em relação a diferentes modalidades de intervenção possíveis no espaço comunitário.

O desenho do dispositivo esteve centrado na operação de mapear, ou seja, estabelecer uma sequência de trabalho expressivo que enlace a passagem por várias linguagens (neste caso: trabalho corporal, modelagem, escritura) estimulando a elaboração subjetiva e grupal de imagens e sua articulação com a palavra.

Momentos de trabalho

A experiência que relato, sequência do mapear, foi realizada no período de quatro horas de trabalho por 54 participantes, num espaço adaptado ao uso de técnicas ativas.

---

[131] COROMINAS, J. Obra. cit.

MAPA FANTASMÁTICO CORPORAL

Depois de uma apresentação verbal geral se começa por:

a. Exercício corporal em subgrupos. Várias rodadas, esfregar as palmas das mãos, pô-las em contato uma com a outra, tocar o próprio rosto, tocar as mãos dos companheiros.

b. Passar pelo contato com a argila, escutando a música, e amassá-la com os olhos fechados buscando imprimir os ritmos propostos pela banda sonora ao material desde os movimentos do corpo.

c. Modelar uma figura em argila sem necessidade de que se pareça a algum objeto conhecido.

d. Formar dentro de cada subgrupo um conjunto de figuras a partir do que cada um modelou.

e. Desenhar, pintar e escrever em uma folha com uma silhueta humana impressa, as sensações desse momento.

f. Mostrar a silhueta aos companheiros do subgrupo e comentar.

g. Mostrar o conjunto de figuras de argila aos demais subgrupos. Receber comentários e responder perguntas dos demais integrantes.

h. Conversa geral sobre a vivência no grupo maior.

O trabalho propôs a cada participante um tempo e um espaço para conectar-se com as imagens do corpo como modo de habitar a trama grupal.

Dar tempo e espaço à composição de intimidade, à elaboração coletiva de ritmos desde os que acederam as figurabilidades e que os fizeram presentes.

Elaborar a possibilidade de apresentar-se, compor presença dentro de uma unidade que aloja a tensão produtora de sentidos entre o intercambio intersubjetivo do grupo e a constelação de temas e habilidades procedimentais a adquirir em função do papel para os que se estão formando, com que o interpela da ordem institucional.

Acompanhar esta busca, emprestando da coordenação figuras que funcionem como pontos de partida na ação subjetiva e grupal de deslizar-se até o polimorfo, até o bacanal da ruptura de imagens simultâneas e fragmentadas com as quais criar e produzir gestos que torcionam, que interrogam traços identitários congelados.

Navegação que nos distancia e nos aproxima da margem do antropomórfico, do capturado pelo hegemônico da cultura, pelo que faz sintoma, pelo que pede ser processado numa experiência de aprendizagem.

"A subjetivação é, tal como a entendemos, um ato num ponto no que invade algo real, impossível de enunciar e dar seguimento nos termos constituído da situação dada, ponto no qual a posição reflexiva e a elucidação crítica permitem destituir um terreno da subjetividade instituída. Os atos de um sujeito habilitam que outra situação se institua" disse Osvaldo Bonano.[132]

Acaso o eixo da experiência de aprendizagem possa se situar na operação de diferir. Produzir diferença na serialidade do encaixe de dinâmicas institucionais centradas na combinação e agregação de elementos consistentes, linha de produção, de reprodução do hegemônico no sentido de corpos de nominações e práticas feitas território.

Desvio em que a ação se cultive como elaboração de estados de possibilidade, como oscilação entre a representação do que é dado e o irrepresentável enigma, como processamento coletivo, como produção subjetivante da transformação.[133]

A operação de fazer Mapas busca compor signos como modo de desestruturar e reestruturar o silenciado nas dinâmicas de intercambio.

As imagens são como signos em estado de flutuação e oscilação permanente. Percepções, sensações, movimentos, estímulos, formam uma substancialidade corporal difusa e ambígua que ao configurar-se em imagens adquirem maior figurabilidade." disse Elina Matoso.[134]

A experiência que conto, tomei como ponto de partida uma trama de figuras-ações para fortalecer o movimento narrativo do grupo:

a. referência a zonas do corpo acompanhada de uma série de ações cotidianas a realizar;

b. deslocamentos nominados em termos de direcionalidade;

c. circularidade das rodadas;

d. bloco de argila em que cada integrante traduziu ritmos sonoros;

e. silhueta humana impressa a partir da qual cada um desenhou, pintou e escreveu;

f. músicas com ritmos diversos.

---

[132] Obra. cit.

[133] DE BRASI, J. C. Algunas consideraciones sobre la formacion de ideologias en el aprendizaje grupal. *In: Coleccion Lo grupal I*. Buenos Aires: Editora Busqueda, 1983.

[134] Obra. cit.

Durante o exercício as consignas relataram um "ir fazendo" e acompanharam esse trânsito descrevendo ações, palavras que referenciaram o "como" do fazer que cada um e o grupo foram inventando.

A operação de mapear tenta abordar a complexidade do território corporal, tanto na dimensão subjetiva e coletiva simultaneamente, pondo a ênfase no movimento de disseminação de referências.

Invenção de signos, polissemia do diálogo, que elabora conexões entre novas e velhas figurabilidades, desterritorializada práticas e sentidos cristalizados.

As ações na contiguidade da presença do outro foram definido uma especialidade que deu suporte para a instalação de significações que se foram construindo e desconstruindo simultaneamente.

Foi-se articulando o uso do espaço e sua habitualidade. Criaram distâncias que lhes permitiram se afastar e se aproximar, em um vai e vem exploratório de reconhecimento e desconhecimento entre o próprio e o alheio.

Ritmos de trabalho que se articularam no interior do enquadre.

Cada subgrupo funcionou como um recanto, como uma pele em que esboçam sem o afã de concluir e se proteger dos efeitos de um olhar sancionador, inibidor, macerado ao longo de toda uma história de aprendizagens inscritas em cada um, em cada comunidade, de um modo singular.[135]

Alojar-se em uma borda-espelho que permita multiplicar-se, reconhecer-se e desconhecer-se, deformar-se em transcorrer pela pele da argila, do papel, o movimento, as palavras.

Um lugar gerador de múltiplas figuras que jogaram de alterego do próprio corpo.

"O trabalho grupal como criação de realidade [...] tende a salientar a diferenciação entre o princípio de realidade e o princípio de prazer. A construção dos limites e a elaboração a respeito dos mesmos é um modo de trabalhar em campo com esses dois princípios.

Volta a fazer-se presente a temporalidade e a possibilidade da espera. Implica discernir entre o grupo interno e o grupo externo. Tem a ver com patologias de narcisismo na qual o outro é um objeto interno.

Não é fácil aceitar o outro como não formando parte do próprio corpo." disse Mario Buchbinder.[136]

---

[135] FOUCAULT, M. Obra. cit.

[136] BUCHBINDER, M. Obra cit.

Sustentar a mobilização, trama que faz mapas, elaborando um bastidor em que atar e desatar o movimento das imagens que mostram e ocultam, antes que representar uma realidade subjacente, que vestem e desvestem o acontecer, como máscaras, no seu falar. Texturas do provisório, intervenção no discorrer das práticas sociais como posta em questão do naturalizado.

Os mapas prestam a fantasia de suas linhas para traçar silhuetas, esboços de novas conexões intra e intersubjetivas em que se possa:

- Mobilizar a fabulação de múltiplos corpos-metáfora do magma de experiências que, em grupo, necessitam processar.

- Outorgar onipresença ao devir grupal, possibilidade de espacialização das sensações, configurando conexões de centro e borda, dentro e fora, lateralidades, dimensão, posição, distâncias.

- Elaborar grafias do transcorrer, possibilidade de re-historização: durante-antes-depois, passado-presente-futuro, a morte e o nascimento, os projetos. O diacrônico e o sincrônico como acesso a dimensão temporal das experiências.

A corporeidade se inscreve no mapa como movimento de aspectos, como oscilação entre visibilidades e invisibilidades, em jogos de ação-construção, destruir, reconstruir — em que emerge a estruturação de figurabilidades que habitam a dimensão de relato ao fluxo de afetos que atravessam a experiência.

"Se incorpora assim a ampla noção de afeto, no sentido de afetar e ser afetado por algo. [...] afetos, (...que) se organizam (compõem), [...] e circulam (contagiando) como verdadeiros 'regimes de afetação'.

Neles os fluxos de energia são constitutivos das formas de socialidade, de sua potencialidade para desempenhar inexplicáveis transformações. Para isto a energia não deve ser captada em repouso, estado inercial, quantitativamente [...] e sim em sua diversidade qualitativa, como um fluir contínuo que é bloqueado e liberado em múltiplos artifícios estruturais, objetais, sistêmicos."[137]

O mapa se propõe, então, como grafia das desmontagens focal de aspectos das arquiteturas identitárias que bloqueiam a apropriação de novos saberes e afazeres

---

[137] DE BRASI, J. C. Obra. cit.

MAPA FANTASMÁTICO CORPORAL

[...]
O simulacro ergueu suas pálpebras
Sonolentas e viu formas e cores
Que não entendia, perdidos em rumores
E ensaiava temerosos movimentos.
Gradualmente se viu (como nós)
Aprisionado nesta rede sonora de
antes, depois, ontem, enquanto, agora,
Direita, esquerda, eu, tu, aqueles, outros.
(O cabalista que nomeou a vasta criatura
Como numen apelidado de Golem;
Essas verdades são recontadas por Scholem
Num lugar erudito em seu volume)
O rabino explicou-lhe o universo
'este é meu pé, este é seu, esta a corda'
[...]

El Golem – J. L.Borges.

As figuras de argila — como de Golem — foram postas frente ao olhar do outro e insistiu, recorrente, a pergunta: o que é?

Para desvendar, contraditoriamente, relatos de "como foi".

Da consternação do "autor" frente a seu rebento, o relato das sensações desde que surgiram as figuras, de "outros" que inventaram nomenclaturas para o ambíguo, as onomatopeias e o silêncio.

"O discurso corporal não é linguagem de signos linguísticos e sim semiótica da heterogeneidade, vulnerabilidade e obscuridade dos signos e é desde lugar que pode se fazer um mapa aproximado da representação do corpo e sua possível interpretação e decodificação."[138]

A operação de mapear, que faz alusão sempre a grupalidade do sujeito, estimula experiências de passagens por códigos diversos em busca da deformidade do unívoco de qualquer relato.

Se propõe como estratégia de enlace entre a percepção, a expressão e a reflexão, tripé compositivo da ação.

---

[138] MATOSO, E. Obra. cit.

Trabalho desde a improvisação como desamarrarão do corpo e a palavra na intenção de elucidar as significações sociais nas quais se alojam. Exploração da dimensão do coletivo na subjetividade.[139]

"As sensações, movimentos, percepções, emoções, se escorrerão como a água se não encontrassem sua causa, sua âncora, em imagens."[140]

Mapear a imigração, lugar sem centro nem origem, vagar, gesto exo-gâmico, posto em questão da familiaridade, ânsia do criativo.

Fazer mapas não evoca somente a elaboração de grafias que representem o próprio corpo ou um corpo grupal, a não ser, sobretudo, na intenção de elaborar uma passagem entre os binarismos da cultura com que se disciplina o corpo.

O mapa é esta sequência poliglota entre planos e tridimenções, entre silêncios e músicas, entre palavras e gestos, entre a calma e o movimento.

"Próximo da água e de suas flores compreendi melhor que a entonação é um universo em emancipação, hálito malcheiroso que sai das coisas por intermédio de um sonhador", disse Gastón Bachelard.

Decifração enquanto experiência de narração coletiva de uma verdade para nós[141] e não como manejo interpretativo de algum guru.

Cobertor do onírico grupal, indeterminação entre o diurno e o noturno, que compõe imagens de uma corporeidade que se desenha e desdesenha entre o eu e o outro, e os demais.

O mapa é espaço de polifonia grupal nos dizeres do imaginário social.

Busca da invenção de nós, o mapa é espaço topológico, alinhavo entre a palavra, a imagem, o som, a manipulação de objetos, o movimento, o silêncio. Sequência de momentos não cronológicos, clivagem entre a memória e a fabulação, espaço de desenraizamento e enraizamento de filiações provisórias.

Como abrir o jogo do pertencimento a um projeto de formação sem reduzi-lo a um gesto de desapropriação disso que chamaremos legitima-mente de nosso?

Disse Osvaldo Bonano: *"Não há elaboração psíquica sem tramitação sócio histórica coletiva. Não há transformação sócio histórica sem destituição das subjetividades instituídas incluídas, está claro a dos operadores".*

---

[139] MERCADO, P. Obra. cit.

[140] MATOSO, E. Obra. cit.

[141] HABERMAS, J. Obra. cit.

O mapa como *"prática ativa de enunciação"*[142], propõe uma espacialidade temporária para a composição de nós.

Manto do banquete antropofágico ao que é convidado o grupo. Não disciplinamento que arrasta signos para dar-se novos valores apropriados. *"Contra a memória como fonte de costume. A experiência pessoal renovada"* (do Manifesto Antropofágico de Oswald de Andrade).

O mapa encarna uma zona de relato, signos em deslizamento polissêmico, aparecimento da metáfora enquanto prega no mesmo corpo da repetição. Espelho da captura, das imagens cristalizadas na própria experiência, também desvio de um mundo em transformação.

Ânsia de elaborar pontes para recuperar a experiência como vivência de contato e como lugar da alteridade.

Política da invenção no corpo mesmo de sólidas figurabilidades, o mapa evoca, convoca ausências.

Quem volta ao giro do mapa? O que desenhou, escreveu, pintou, dançou, conversou?

Esse que não é, e nem será salvo por feito de ter sido aí, esse instante, em outro?

Esse, esses, que habitam a incerteza, a evanescência do momento, vazio germinativo, emaranhado de nus e desnudos, onde tecer a pele dos dias por vir.

Esse, esses, rio de peixes sonhando nascer.

Bibliografia

ANDRADE, O. *Escritos antropófagos.* Buenos Aires: Corregidor, 2001.

BACHELARD, G. *El agua y los suenos.* Fundo de Cultura Econômica, 1988

BONANO, O.; BOZZOLLO, R.; L'HOSTE, M. *El oficio de intervenir.* Buenos Aires: Biblos, 2008.

BORGES, J. L. *Obra poética.* Buenos Aires: Emecé editores, 1977.

BUCHBINDER, M. *Poética de la cura.* Buenos Aires: Letra Viva, 2001.

CASTORIADES, C. *La institucion imaginaria de la sociedade.* v. 1. 2. ed. Buenos Aires: Tusquets, 1993.

---

[142] BONANO, O. Obra. cit.

COROMINAS, J. *Breve dicionário etimológico de la lengua castellana*. 3. ed. Madri: Gredos, 1990.

DE BRASI, J. C. *La explosion del sujeto*. 2. ed. Buenos Aires: Grupo Cero, 1998.

DELEUZE, G. *Proust y los signos*. 3. ed. Barcelona: Anagrama, 1995.

FOUCAULT, M. *Vigilar y castigar*. México: Siglo XXI, 1989.

HABERMAS, J. *Accion comunicativa y razón sin trascendencia*. Buenos Aires: Paidós, 2003.

LE BRETON, D. *Antropologia del cuerpo y modernidade*. Buenos Aires: Nueva Vision, 1995.

MATOSO, E. *El cuerpo território de la imagen*. Buenos Aires: Letra Viva, 2001.

MERCADO, P. *La accion como advenimiento del cuerpo*. Rev. Campo Grupal. Ano 8. n. 70. Buenos Aires, 2005.

BIBLIOGRAFIA GERAL

Capítulo 1 a 7

ABBAGNANO, N. *Diccionario de Filosofia*. Fundo de Cultura Econômica, 1961.

ADORNO, T. *Teoria estética*. Madri: Orbis, 1984.

AGAMBEN, G. *La potencia del pensamento*, Buenos Aires: Adriana Hidalgo, 2007.

AGAMBEN, G. *Infancia e historia*, Buenos Aires: Adriana Hidalgo, 2001.

AGAMBEN, G. *Desnudez*. Buenos Aires: Adriana Hidalgo, 2001.

AGAMBEN, G. Paradoja del tempo que se escabulle. Seminario: qué es ser contemporâneo? Instituto Universitario de Arquitectura de Veneza . Clarin Revista n. mar. 21, 2009.

ALEXANDER, G. La Eutonia. Buenos Aires: Paidós, 1979.

ANZIEU, D. *Crear y Destruir*. Madri: Biblioteca Nueva, 1997.

ANZIEU, D. *El grupo y el inconsciente*. Madri: Biblioteca Nueva, 1978.

ARTAUD, A. *El pesa* – Nervios. Buenos Aires: Need, 1998.

AULAGNIER,P. *La violência de la interpretacion*. Del pictograma al enunciado. Buenos Aires: Amorrortu, 1977.

AUGÉ, M.; DAVID, M.; MÉNARD, J.; LANG, L.; MANNONI, O. *El objeto en psicoanalisis*. El fetiche, el cuerpo, el niño, la ciência. Buenos Aires: Gedisa, 1987.

BACHELARD, G. *La poética del espacio*. México: Fondo de Cultura Económica, 1965.

BADIOU, A. *Logica de los mundos,* El ser y el acontecimento 2. Buenos Aires: Manantial, 2008.

BARTHES, R. *El placer del texto y leccion inaugural*. México: Siglo XXI, 1986.

BARTHES, R. *La preparacion de la novela*. Buenos Aires: Siglo XXI, 2005.

BERNARD, M. *El cuerpo*. Buenos Aires: Paidós, 1980.

BUCHBINDER, M.; MATOSO, E. *Las Máscaras de las Máscaras*. Buenos Aires: Letra Viva, 1980.

BUCHBINDER, M.; MATOSO, E. *Experiencia Expresiva Corporal Terapéutica*. Buenos Aires: EUDEBA, 1998.

BUCHBINDER, M. *Poética del Desenmascaramiento*. 2. ed. Letra Viva – Instituto de la Máscara, 2008.

BUCHBINDER, M. *Poética de la Cura*. 2. Buenos Aires. ed. Letra Viva – Instituto de la Máscara, 2008.

BUCHBINDER, M. *Condiciones de la escena*, Campo Grupal. ano 9, reviste nº 88-89, Buenos Aires, 2007.

BUCHBINDER, M. *La locura del arte y el arte de la locura*. Buenos Aires. Revista Imago Agenda, ed. Letra Viva Libros, 2006.

BORDELOIS, I. *A la escucha del cuerpo*. Buenos Aires: Zorzal, 2009.

CAMELS, D. *Cuerpo y saber*. Buenos Aires: Novedades educativas, 2001.

CAMELS, D. *El espacio habitado*. Buenos Aires: DyB, 1997.

DE WAELHENS, A. *La psicoses*. Madri: Morata, 1973.

DELAS, D.; FILLIOLET, J. *Linguistica y poética*. Buenos Aires: Hachete. 1973.

DELEUZE, G. *Foucault*. Buenos Aires: Paidos, 1987.

DELEUZE, G. *Nietzsche y la filosofia*. Barcelona: Anagrama, 1986.

DELEUZE, G. *La imagen-tiempo*. Buenos Aires: Paidós, 1996.

DELEUZE, G. *La imagen-movimiento*. Paidós, 1996.

DOLTO, F. *La imagen inconsciente del cuerpo*. Buenos Aires: Paidós, 1986.

FOUCAULT, M. *Nietzsche, la genealogia y la historia*. Gedisa, 1986.

FOUCAULT, M. *El nacimiento de la clínica*. Siglo XXI, 1966.

FREUD, S. *Esquemas del psicoanálises*, Obras Completas. v. XXIII. Buenos Aires: Amorrortu, 1979.

FREUD, S. *Más allá del principio del pracer*. Buenos Aires. Amorrortu v. XXVIII. 1994.

FREUD, S. *La interpretacion de los sueños*. v. IV-V, 1979.

GIRONDO, *Obras Completas*. Buenos Aires: Losada, 1968.

GREEN, A. *Jugar com Winnicott*. Buenos Aires: Amarrortu, 2007.

HEIDEGGER, M. *De camino al habla*. Barcelona: del Serbal, 1987.

HEIDEGGER, M. *Arte y Poesia*. México: Fondo de Cultura Económica, 1982.

HEIDEGGER, M. *El ser y tempo*. México: Fondo de Cultura Económica, 1968.

JOLY, M. *Introducción al análises de la imagen*. Buenos Aires: La Marca, 1993.

KAËS, R. et al. *La institución y las instituciones*. Buenos Aires: Paidós, 1989.

KRISTEVA, J. et al. *El trabajo de la metáfora*. Barcelona: Gedisa, 1985.

LE BRETON, D. *Antropologia del cuerpo y modernidad*. Buenos Aires: Nueva Vision, 1995.

LE BRETON, D. *Rostros*. Ensayo de antropologia. Letra Viva-Instituto de la Máscara, 2010.

LACAN, J. *Escritos*, Tomos I y II. México: Siglo XXI, 1976.

LACAN, J. *Seminario 7*, La ética del psicoanálisis. Buenos Aires: Paidós, 1991.

LACAN, J. *Seminario 2*, El Yo en la teoria de Freud y em la técnica psicoanalitica. 1983.

LAPLANCHE, J. *El inconsciente y o el ello* (Problemáticas IV). Buenos Aires: Amorrortu, 1987.

LAPLANCHE, J. *La sublimación*. 1987.

LEZAMA LIMA, J. *La Dignidad de la poesia*. Barcelona: Versal, 1989.

MACI, G. *El ojo y la escena. Dramatologia: Semiótica de la escena*. Buenos Aires: Camacu, 1999.

MANNONI, O. *La otra escena*. Buenos Aires: Amorrortu, 1973.

MATOSO, E. *El cuerpo território escénico*. Letra Viva. Instituto de Máscara, 2008.

MATOSO, E. *El cuerpo território de la imagen*. 3. ed. Letra Viva – Instituto de la Máscara, 2008.

MATOSO, E. *El cuerpo In-Cierto*. Letra Viva – Universidad de Buenos Aires, 2006.

MATOSO, E. *Mapas del Cuerpo*, Mapa Fantasmática Corporal. n. 376. Publicación Actualidad Psicológica, 2009.

MOCCIO, F. *Creatividad*. Buenos Aires: Aucán, 1997.

MORENO, J. L. *Psicodrama*. Hormé, 1974.

NANCY, J. L. *Corpus*. Madri: Arena, 2003.

NANCY, J. L. *58 indicios sobre el cuerpo*. Extension del alma. La Cebra, 2007.

NASIO, J. D. *Mi cuerpo y sus imagens*. Buenos Aires: Paidós, 2008.

NIETZSCHE, F. *Ecce Homo*. Buenos Aires: Siglo Veinte, 1986.

NIETZSCHE, F. *Asi habló Zarathustra*. Espanha: Bruguera, 1981.

PIGLIA, R. *Formas Breves*, Buenos Aires: Temas, 1999.

REICH, W. *La funcion del orgasmo*. Paidós, 1974.

RODULFO, M. *El niño y el dibujo*. Buenos Aires: Paidós, 2008.

SARTRE, J-P.; HEIDEGGER, M. *Sobre el humanismo*. Buenos Aires: Sur, 1966.

SCHILDER, P. *Imagen y aparência del cuerpo humano*. Buenos Aires: Paidós, 1977.

SONTAG, S. *La enfermedad y sus metáforas*. Buenos Aires: Taurus, 1996.

STEINER, G. *Lenguage y silencio, ensayos sobre la literatura, el linguaje y lo inhumano*. México: Gedisa, 1979.

TODOROV, T.; DUCROT, D. *Diccionario enciclopédico de las ciências del linguaje*. Buenos Aires: Siglo XXI, 1981.

VALENZUELA, L. *Cuentos completos y uno más*. México: Alfaguara, 1998.

VALENZUELA, L. *Tres por cinco*. Buenos Aires: New Graf, 2010.

WINNICOTT, D. W. *Realidad y Juego*. Buenos Aires: Gedisa, 1996.